69

PROMENADE

EN

TARENTAISE

DESCRIPTION DES LOCALITÉS, DES SITES, DES CURIOSITÉS ET DES RICHESSES NATURELLES DE CETTE CONTRÉE,

SUIVIE DE

NOTES STATISTIQUES ET HISTORIQUES

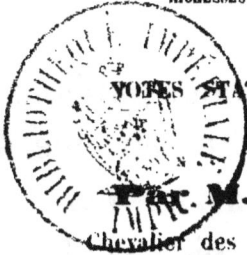

Par M. Félix DESPINE

Chevalier des ordres de la Légion-d'Honneur
et des SS. Maurice et Lazare.
Sous-Préfet de Moûtiers.

MOÛTIERS

IMPRIMERIE DE MARIN LARACINE ET COMP.

—

1865

Note de l'Éditeur.

Le petit ouvrage que nous publions aujourd'hui vient de paraître en une série
d'articles dans le journal *La Tarentaise,*
auquel M. F. Despine a bien voulu communiquer les notes qu'il avait prises dans
le temps en parcourant le pays. L'esprit
et le but de l'honorable Sous-Préfet de
Moûtiers se révèlent assez dans les lignes
suivantes qui accompagnaient l'envoi de
son manuscrit :

« .... Il y a quelques années, j'ai moi-même parcouru ces belles et bonnes contrées, annotant chaque
soir sur mon carnet les impressions de ma journée.

« Je vous adresse ces notes écrites rapidement,
sans la prétention, certes, de les livrer jamais à la
publicité, mais dictées par cet attachement sincère

qui naît promptement au cœur de tous ceux qui ont pu apprécier la Tarentaise.

« J'aimerais à voir ce pays connu autant qu'il le mérite; et peut-être ces quelques notes courtes et sans apprêt intéresseront-elles vos lecteurs. Je les désire utiles surtout pour les voyageurs que nos eaux thermales, nos richesses géologiques, archéologiques, zoologiques, botaniques, minéralogiques, ainsi que la beauté de nos paysages, peuvent attirer dans nos montagnes.

« Ils sont assurés d'y rencontrer, si ce n'est la phrase élégante, au moins la vérité qu'on aime tou-toujours..... »

Frappé de l'intérêt et de l'utilité de cette rapide mais instructive description de la Tarentaise, et voulant lui donner une publicité durable, nous avons pensé à réunir, avec l'agrément de leur auteur, ces articles en une brochure qui, nous l'espérons, sera bien accueillie de tous. Elle renferme, en outre, des *Notes statistiques et historiques* sur la Tarentaise, qui n'ont pas été publiées dans le journal.

MARIN LARACINE.

PROMENADE EN TARENTAISE

I.

Moûtiers, chef-lieu de l'arrondissement, occupe le centre d'un bassin découpé en triangle et élevé de 480 mètres au-dessus du niveau de la mer. Chacun des angles de cette petite plaine, d'une étendue fort restreinte, conduit à des vallées étroites. Une de ces vallées, au nord-est, se dirige vers le Bourg-Saint-

Maurice, le Petit-Saint-Bernard et le Mont-Iseran;
l'autre, au nord-ouest, descend vers les plaines d'Albertville; la troisième bifurque à Salins pour monter,
au sud, vers les communes des Belleville, allant rejoindre la Maurienne par le Col des Encombres, et, à
l'est, vers Bozel et Pralognan, pour se rattacher
encore à la Maurienne par le Col de la Vanoise.

Trois croupes de montagnes, couvertes de cultures
à la base et couronnées de forêts, ferment les côtés du
triangle.

Siège d'un Evêché, d'un Tribunal de 1re instance,
d'une Justice de paix et de toutes les administrations
attachées à un chef-lieu d'arrondissement, Moûtiers,
malgré le nombre peu considérable de ses habitants
(1957), est une vraie ville. petite, mais présentant
des avantages réels.

La première sensation qu'on éprouve en pénétrant
dans ce bassin, enserré par des montagnes que gran-
dissent encore leur peu d'éloignement, est une tristesse, un serrement de cœur indéfinissables. Celui
que la destinée y appelle croit, au premier coup
d'œil, qu'il ne pourra respirer sans étouffer sous ces
masses élevées comme de gigantesques murailles d'un
préau de prison. Mais cette première impression ne
tarde pas à s'effacer; on s'habitue vite au bassin de
Moûtiers. Les rochers y sont si bizarrement découpés,
si gracieusement habillés de bois, de champs, de
pâturages, si pittoresquement animés par les habitations jetées sur les hauteurs, que le regard y trouve

à chaque pas un paysage différent, et que chacun de ces paysages a son *facies* à lui, gracieux ou sévère, comme ceux que les touristes aiment à donner, dans leurs albums, aux souvenirs des Alpes.

On s'y habitue si vite et si bien, que l'on finit par oublier le ciel bleu, qui, nous devons l'avouer, semble, à Moûtiers, peu jaloux de se laisser voir. En revanche, vivant côte à côte avec ces rochers, ces forêts noires, ces sapins isolés, compagnons fidèles des maisonnettes qui leur font face, on s'en fait des connaissances qu'on aime à revoir, de bons amis avec lesquels on éprouve chaque jour, autant par affection que par habitude, le besoin de venir causer intimement. Aussi, je comprends très bien l'attachement profond des habitants de Moûtiers pour leur pays natal. C'est le même sentiment qu'on rencontre auprès de tous les montagnards, chez tous les insulaires, en un mot, partout où l'œil retrouve des vues de détail. Puis, c'est en Savoie surtout qu'est vrai ce vers proverbial :

A tous les cœurs bien nés que la patrie est chère !

Des souvenirs historiques se rattachent à la capitale de la Tarentaise. L'an 534 de Rome, Annibal a dû y passer, et plus d'une fois les légions romaines y ont combattu les peuplades alpines, les Salasses et les Centrons, lorsque ces fiers montagnards, impatients du joug étranger, cherchaient à recouvrer leur indépendance.

C'est non loin de Moûtiers, probablement dans la

partie du bassin exposée au midi, que se trouvait
Darentasia, la capitale de la Centronie, citée par
Polybe, et devenue plus tard le *forum Clodii*, rési-
dence d'un pro-préteur romain.

Quant à la ville de Moûtiers, nulle part elle n'est
mentionnée avant la fin du 5me siècle : c'est que,
probablement, groupée petit à petit autour du *monasterium* *), qui lui donna son nom, elle ne date
que d'une époque postérieure à la construction de
la cathédrale par saint Marcel, en 517 **).

*) Sans doute, ce *monasterium* n'était autre que le
bâtiment habité par les chanoines réguliers de la règle
de Saint-Augustin, qui formaient le Chapitre de la métropole, et mentionné dans des actes du 12me siècle. Il existait encore à Moûtiers, avant le 17me siècle, un autre Chapitre, celui de l'église de Sainte-Marie : mais les chanoines
de ce dernier étaient séculiers. Tous deux furent réunis
en un seul pour le service de la métropole, en 1605.

**) M. J.-J. Roche, dans ses *Notices historiques sur les
Centrons*, imprimées à Moûtiers en 1819, exprime la pensée que c'est à Moûtiers qu'était le village de l'Union
(*villa Jugontis*), le plus considérable des cinq compris
dans la donation faite à saint Jacques par le roi des Bour-
guignons, lorsqu'il en obtint l'autorisation de construire
une église sur le rocher *Pupim*, éloigné d'un mille et
demi de Chentron. « Je suis (dit-il) cependant fondé à
croire que cet endroit était habité avant la fondation de
la ville actuelle ; que c'est là où l'on trouvait le village de
l'Union (*villa Jugontis*), et qu'il était le plus considérable
des cinq compris dans la donation faite à saint Jacques,
puisqu'il est nommé le premier ; mais je pense aussi que
ce village ne pouvait occuper que la partie du levant ; car,
1o tout le territoire du couchant, sur la rive gauche de
l'Isère, était occupé par des bras de la rivière du Doron.
C'est de là que cette partie du territoire a pris le nom de
l'*Isle*. Lorsqu'on y fait des fouilles, on y trouve encore des
couches considérables de gravier et de sable que cette
rivière y a déposées. 2o Toute la partie du couchant, sur
la rive droite, était un marais, et malgré tout ce que les

Le chœur incliné de cet édifice et son porche ogival surbaissé sont les seuls vestiges de l'antique monument reconstruit en 1461, comme l'indique une inscription qui se voit encore sur la façade.

Saint Jacques, l'apôtre de la Tarentaise, en fut le premier évêque en 426. Dès lors jusqu'en 1793, que le siège épiscopal sombra dans le cataclisme de la révolution française, il eut pour successeurs 82 prélats, dont 60 archevêques.

L'évêché fut rétabli en 1825; trois évêques s'y sont succédés depuis cette date.

Les archevêques, qui avaient reçu en don, de Rodolphe III, le comté de Tarentaise, devinrent ainsi feudataires des empereurs d'Allemagne après l'extinction du deuxième royaume de Bourgogne; ils en reçurent plus tard le titre de princes du Saint-Empire.

En 1186, par sa bulle d'or, datée de Pavie le 6 des ides de mai, Frédéric Ier leur donna l'investiture de Moûtiers, des vallées et des châteaux dépendant de

archevêques avaient fait pour pouvoir agrandir leur ville, il existait encore de ces marais en 1730. Les Royales Finances en avaient fait l'acquisition pour y faire une plantation de saules.

« Ce qui me confirme encore dans l'opinion que cette partie du levant avait été habitée anciennement, c'est qu'en 1793, on y a fait des fouilles pour ouvrir un passage par derrière, et l'on y a découvert des masures et trois tombeaux, dans l'un desquels existait encore une niche avec un petit vase où étaient renfermées des pièces d'argent. Celui qui les a vues n'a fait attention qu'à un guerrier équipé de toutes armes, et a de suite couru chez un orfèvre pour en tirer parti. »

leur métropole. Cependant, déjà en 1082, Humbert
II de Savoie, qui, sollicité par l'archevêque Héraclius
de le défendre contre les agressions et les vexations
d'Eméric II, sire de Briançon, s'était empressé de
venir combattre le seigneur et de raser son repaire,
avait contraint les prélats à reconnaître, par une con-
vention particulière, le protectorat et la suprématie
des princes de sa Maison. En 1769, Mgr de Rolland
échangea le titre de comte de Tarentaise, ainsi que
ses droits sur Moûtiers et les Allues, contre 3000 li-
vres de rente et le titre de prince de Conflans et
de Saint-Sigismond. Les fortifications de Moûtiers
avaient été rasées en 1332 par les ordres du comte
Aimon de Savoie, après la prise d'assaut de la ville
par les gens de ce prince.

Sous le premier Empire, Moûtiers posséda l'Ecole
impériale des mines, laquelle, maintenue par la
Restauration, fut ensuite, en 1836, transportée à
Turin.

Des salines, avec leurs immenses quadrilatères
de fascines entassées ou de cordes tendues perpendi-
culairement pour l'évaporation de l'eau, et le dépôt
des corps étrangers que celle-ci tient en dissolution,
attristent le paysage ; mais elles vont disparaître, et à
leur place s'élèveront bientôt des thermes élégants,
destinés à l'exploitation des eaux minérales comme
moyen curatif.

Avant de quitter Moûtiers, mentionnons quelques-
unes de ses institutions : l'hospice ; le grand et le

petit séminaires; les écoles primaires tenues par les
Frères de la Croix pour les garçons, et par les Sœurs
de Saint-Joseph pour les filles; deux pensionnats tenus
par les mêmes congrégations; un cabinet de physique; un premier embryon de musée; les archives
de la mairie et de l'hospice, qui renferment des
documents précieux; une caisse d'épargne; une
association pour l'extinction de la mendicité (*);
une compagnie de sapeurs-pompiers; un corps de
musique; deux sociétés de secours mutuels; enfin,
un petit théâtre proportionné à la localité, et une
salle d'asile.

L'Isère traverse Moûtiers; elle prend sa source
dans la commune de Val-de-Tignes, au pied du Mont-
Iseran, parcourt dans toute sa longueur la vallée
centrale, reçoit à Moûtiers, en affluents, les torrents
du Doron et du Merlerel, qui descendent des vallées
de Bozel et des Belleville, et va féconder les riches
plaines du Grésivaudan, puis se jeter enfin dans le
Rhône, non loin de Valence.

De Moûtiers, le touriste amateur de sites grandioses, pittoresques, gracieux, imposants, peut facile-

*. Cette œuvre a été courageusement entreprise par
la charité privée, sous l'impulsion du vénérable curé de
la paroisse, M. Blanc-Gonnet, et est soutenue avec un
pareil zèle et une pleine réussite par cette même charité.
Des quêtes trimestrielles l'alimentent, et leur produit, dis-
tribué en nature et à domicile par les soins éclairés des
Sœurs de Saint-Joseph, sous la surveillance d'administra-
teurs et de dames de charité, va journellement suffire aux
besoins des pauvres.

ment satisfaire ses goûts par des courses variées. Lorsqu'il est collectionneur d'insectes ou de plantes, sa moisson devient abondante dans chacune de ses courses; car les insectes y sont nombreux, et la Flore de la Tarentaise est une des plus riches. Quant à l'industriel, au géologue, à la recherche des minéraux et des rochers, dans lesquels se lisent comme dans un livre les diverses phases de l'histoire du globe, chaque pas, pour ainsi dire, appellera son attention.

Parcourons donc ces jolies et précieuses vallées, glanant sur notre route quelques-uns de leurs souvenirs. Les âges anciens y ont laissé des traces nombreuses, et en déroulant dans une course rapide des paysages dont le fond éternel a parfois gardé l'empreinte des siècles écoulés, tendons une main amie aux beautés naturelles, comme aussi aux traditions de l'histoire.

La grande vallée centrale de Moûtiers au Mont-Iseran se divise en plusieurs bassins tranchés et distincts : l'un prend fin au détroit du Saix et tient à la plaine de Moûtiers; l'autre, de Centron et d'Aime, conduit à celui de Bourg-St-Maurice et de Séez. Au delà, se succèdent le plateau de Sainte-Foy et les vallées des Tignes.

Dans chacun de ces bassins, ou mieux de ces élargissements de vallées, abondent souvenirs historiques, légendes, mines, carrières et jolis paysages.

C'est par la place du Pain-de-Mai qu'on quitte Moûtiers. Le nom de cette place rappelle une pieuse fondation de saint Pierre, archevêque de Tarentaise, remontant à la fin du 12ᵐᵉ siècle. Elle consistait en une distribution de pain aux pauvres de toute la contrée, qui, durant le mois de mai, se présentaient à l'une des portes du palais épiscopal. Le pain provenait des dîmes en blé perçues sur les paroisses du diocèse. Les successeurs de saint Pierre continuèrent l'œuvre de charité; mais des abus s'introduisirent dans ces distributions, et les riches eux-mêmes se présentant pour recevoir leur pain, les archevêques durent, à plusieurs reprises, en 1490, 1571, 1612, etc., faire intervenir l'autorité du Souverain et celle du Sénat de Savoie pour régler l'aumône dégénérée en droit par l'usage. L'illustre jurisconsulte savoyard Favre, président au Sénat de Savoie, rappelle dans son *Codex* (lib. 1, tit. 3, *defin.* 57,) le sommaire de la cause et de l'arrêt provisionnel rendu dans cette affaire le 21 mars 1612. Enfin, peu d'années avant la révolution, l'aumône du pain de mai fut, par provision du souverain Sénat, définitivement remplacée par un don annuel de 2,220 bichets de blé soit un peu plus de 344 hectolitres en faveur de l'hospice de Moûtiers.

En sortant de la ville, un gracieux ensemble de large route ombragée de beaux peupliers, d'artifices en activité, de vertes prairies, de maisonnettes agrestes, de rochers pittoresques, le tout animé par les eaux blanches et rapides de l'Isère, frappe le regard : puis, la gorge se resserre entre les deux montagnes.

bordée d'un côté par des vignes, des broussailles et des carrières de pierre à moëllons ; de l'autre, par l'Isère et d'imposants rochers. Elle ne tarde pas à s'élargir de nouveau, pour créer la plaine et le bassin bien cultivés de la Saulcette et de la Pomblière.

Sur la rive gauche, à la sommité d'un plateau élevé, que dominent de hauts rochers, apparaît la commune de Notre-Dame-du-Pré avec son église et son clocher pointu ; des vues pittoresques et une mine de fer spathique jadis exploitée par les comtes de Villette, la rendent intéressante à visiter.

La vallée se resserre ; la route impériale gravit une pente assez raide pour pénétrer entre de hauts mamelons, et Saint-Marcel ne tarde pas à se présenter avec son église, modeste à l'extérieur, mais riche de décors à l'intérieur. Pour l'amateur de la belle nature, c'est une bonne fortune que de voir ce paysage lorsque le soleil levant, le frappant par côté, détache les divers plans de rochers, et y pose les ombres puissantes désirées par les peintres.

L'église blanche, avec son clocher pointu, semble posée là par un artiste habile, tant elle forme complément dans ce gracieux tableau. Sa silhouette dentelée se détache du ciel bleu, et se mire, brillante de lumière, dans un petit lac dont, malheureusement pour le paysagiste, la culture réduit chaque jour les proportions. Au premier plan, des vignes, des champs cultivés, quelques blocs de pierres épars, le lac ; deux maisonnettes réfléchies dans ses eaux doublent la vie de cette scène charmante ; plus loin, d'imposants rochers, piédestal de quelques sapins solitaires ; le mamelon boisé qui forme nid à l'église élancée ; la route serpentant au centre sous l'ombrage de vastes noyers ; plus haut, sur le troisième plan, l'église ; puis, sur le quatrième, de grandes croupes de montagne.

A Saint-Marcel se rattachent les plus anciennes traditions du catholicisme en Tarentaise. Saint Jacques y bâtit la première église, lorsqu'il vint évangéliser cette portion des Alpes. Évêque en 426, il y fixa sa résidence. La modeste demeure du saint fut encore celle de saint Marcel, son successeur. Elle devint plus tard le château féodal des prélats de Moûtiers, qui fut détruit par Lesdiguière. Quelques ruines seules, attestent, sous des buissons épineux, la présence du château-fort au rocher de saint Jacquemoz.

Quelques légendes entourent l'origine de cette église ; le breviaire du diocèse les rappelle en partie. L'une des plus intéressantes est sans contredit l'histoire d'un ours, condamné par le saint à traîner lui-même jusqu'au pied de la pieuse construction les matériaux que devait y conduire le bœuf dévoré par le sauvage habitant de la forêt. Jugée suffisamment punie par ce châtiment, la bête criminelle fut rendue à la liberté, et elle se multiplia comme toute créature de Dieu ; car, plusieurs siècles après, ses descendants peuplaient les forêts de Saint-Marcel et de Notre-Dame-du-Pré. Depuis longtemps, la destruction des bois, la culture des terres, la présence envahissante

de l'homme dans le domaine des ours, les ont refoulés
vers des natures plus primitives; il n'en existe plus
en Tarentaise.

Au-delà de Saint-Marcel, la route s'élève rapide
sur le flanc d'un rocher à pic, au bas duquel, dans
son lit étroit et profond, coule l'Isère : c'est le détroit
du Saix. L'énorme rocher *Saxum*, que contourne la
route, lui a donné son nom. Il fournit un calcaire remarquable, qui peut recevoir le poli du marbre.
Une plate-forme termine le *Saxum* au point culminant de la route. L'admirateur des sublimes horreurs
doit faire halte ici, ne fût-ce que pour se pencher
sur le bord de l'abîme et en sonder du regard les
profondeurs, où jadis passait la voie romaine; puis,
vu de là, le vallon de Saint-Marcel est si joli avec
ses hameaux disséminés sur les deux revers de la
vallée! Le vallon des Plaines et son pont neuf, l'é-
glise, les rochers bizarrement taillés, les mamelons
boisés, le lit de l'Isère profondément encaissé, roulant ses eaux blanches d'écume; plus loin, l'entrée
du bassin de Moûtiers; dans le fond, les montagnes
des Belleville avec leurs crêtes découpées; tout con-
tribue à y former un paysage où le grandiose des
Alpes se mêle au gracieux d'une vue de détail.

C'est de cette plate-forme, dit-on, que les canons
de Lesdiguières démolirent le château-fort des archevêques, et une pièce de petit calibre, tombée dans
le gouffre, y atteste encore par sa bouche béante,
aux basses eaux, les luttes de cette époque. Non loin

de là aussi, en 1814, un habile général, Dessaix, masquait une batterie derrière les rochers qui dominent la route, pour arrêter les Autrichiens débouchant par le Petit-Saint-Bernard ; mais ceux-ci, avertis à temps, au lieu de suivre la vallée, passèrent le Cormet, et depuis Aime vinrent, par Beaufort et Conflans, tourner et prendre en queue les bataillons français.

Au-delà du Saix commence la haute vallée, la vraie Tarentaise. La petite, étroite et longue plaine de Centron succède à l'étranglement du détroit du Saix. Un pauvre village la peuple ; il est le seul souvenir, nominal du moins, de ces fameux et robustes montagnards qui osèrent un instant arrêter les soldats d'Annibal, lorsque ce chef hardi marchait à travers les Gaules à la conquête de Rome.

Après Centron, voici Villette. Ce fut le berceau d'une noble famille de Savoie, les Villette, qui ayant absorbé la maison des Chevron par un double mariage dans la seconde moitié du 13me siècle, prirent dès lors le nom de Villette-Chevron ; mais aucune ruine n'y subsiste de la demeure féodale. En revanche, Villette fournit de délicieuses pommes de reinette et calvilles, et un marbre lie-de-vin avec noyaux blancs, connu sous le nom de *Brèche de Tarentaise*.

Au centre de la vallée, la Maison des Missionnaires diocésains de Sainte-Anne occupe la sommité d'un monticule rocheux. La vue qu'elle présente sur le lit tortueux de l'Isère est large et des plus pittores-

ques. L'abbé Martinet, le profond penseur savoyard
de notre époque, habite cette maison, qui fut élevée
en 1837, grâce aux libéralités du Clergé et au concours des communes environnantes, et à laquelle
M. Martinet consacra aussi le produit de ses nombreuses publications.

Le chef-lieu de Villette, quoique sâle et mal bâti,
est encore un des mieux établis de la vallée; la route
impériale le traverse par une pente rapide. Au-dessus du pont de la Tour (tour qui n'existe plus que
de souvenir), s'échelonne, sur la hauteur, le hameau
de Charvaz, flanqué de sa jolie cascade. Avant de
quitter le bassin de Villette, on a peine à en détacher
les yeux, tant il apparaît riche et gracieux.

Sur la droite reparaît l'Isère, encaissée dans un
lit resserré. Les rochers perpendiculaires qui le forment servent de base à deux étroits plateaux fortement accidentés, couverts de cultures, semés de maisonnettes et de bouquets d'arbres, où d'intéressantes
études attendent l'archéologue. Un puits profond,
dont la présence ne s'explique guère, y existe taillé
dans le roc. Quelques larges pierres, débris d'anciennes constructions, sur lesquelles la tradition est
muette; des traces évidentes de la main de l'homme,
qui a dû creuser là, à l'Isère, un lit nouveau; tout
indique que ce point fut le témoin de faits aujourd'hui
oubliés.

Une seule légende s'y rattache aux siècles de la
féodalité. Un seigneur du voisinage, trop épris de

sa belle vassale, la poursuivait sur ces rochers. La
pauvre enfant arrive au bord du précipice, et près
d'être saisie, ne sachant comment échapper aux bras
ravisseurs, elle s'élance au travers de l'abîme et
tombe saine et sauve sur la berge opposée. De là le
nom de *Saut-de-la-Pucelle* que porte ce point curieux. Tout près de la belle carrière de larges ardoises
que nous laissons à gauche, des traces de vastes fortifications, enfouies dans le sol, ont été découvertes
en 1760, lors des travaux de rectification de la route
impériale actuelle.

Nous touchons à Aime. Aux flancs de son gracieux
bassin se suspendent les communes de Tessens (673^m)
de la Côte d'Aime, de Montvalezan-sur-Bellentre
(1209^m), de Granier (1241^m) (*), intéressant par
des mines non exploitées de cuivre gris, et le beau
sang de ses habitants; des Chapelles (1280^m), où
naquit S. Em. le cardinal Billiet, archevêque de
Chambéry; de Montgirod, (1113^m), dont le territoire
renferme de puissants gisements de fer; de Longe-
foy (1164^m), connu par la blancheur et la finesse de
son miel, par son marbre blanc à veines serpentineuses, par sa mine d'anthracite. Dans la plaine, poin-
tent les villages de Mâcot et de Bellentre; au centre,
le bourg d'Aime.

(*) Ancien fief des Granier de Fessons, famille qui a
donné un évêque à Genève.

II.

SOMMAIRE.

━━━━━

Ancien camp romain retranché d'*Axima*, ville for-
tifiée au moyen-âge, Aime (680^m) conserva, en partie
du moins, son ancienne importance, et quelques ruines, d'antiques tours, ont résisté jusqu'à ce jour aux
efforts destructeurs du temps et des hommes. En
1780, on y voyait encore un bâtiment, dont l'origine

romaine paraissait constatée par les briques dont il
était en partie composé.

Si le paysagiste ne trouve à Aime qu'un beau et
gracieux dessin riche d'ensemble, l'archéologue, en
revanche, peut y faire abondante moisson. Ainsi on
peut signaler à son attention de nombreuses inscriptions de la belle époque romaine (*); quelques pierres
tumulaires; les restes d'une église romane (Saint-
Martin), dont la crypte, du 9ᵐᵉ siècle, paraît avoir
utilisé les débris d'une construction plus antique,
peut-être même les ruines d'un ancien temple; des
vestiges, dans cette même église, de peintures du 13ᵉ
siècle, recouvertes plus tard d'un lait de chaux; le
souterrain qui, de la crypte de Saint-Martin, conduisait à la tour de Saint-Sigismond, au-dessus du

(*) Entre autres : une en l'honneur de César-Auguste,
sous le proconsulat de Mallius ; une autre, élevée par les
Centrons aux mânes de Priscillius ; une troisième, en
l'honneur de l'empereur Trajan, fils de Nerva, après la
conquête des Daces, et une quatrième, toute gracieuse
dans ses pensées comme dans son style, rappelant le désir,
pieusement exprimé, d'un fonctionnaire romain, de rentrer dans sa patrie. En voici la traduction; elle se voit,
ainsi que la précédente, dans l'église de Saint-Martin; les
deux autres se trouvent dans l'église de Saint-Sigismond :
« Dieu des forêts, qui es à demi clos dans un frêne
« sacré, et qui es le souverain protecteur de ce petit pays
« élevé, pendant que je suis le dispensateur de la justice
« et que j'exerce les droits des Césars, nous voyageons
« dans ces vallées et au milieu des habitants de la mon-
« tagne des Alpes, conduits par ta lumière bienfaitrice;
« tu te hâteras, par ta faveur, de nous garantir de tout
« danger. Tu ne nous abandonneras pas, et tu recondui-
« ras à Rome moi et les personnes de ma suite. Fais aussi
« que, sous tes auspices, nous puissions revoir les cam-
« pagnes d'Italie. Je te dédie dès à présent mille grands
« arbres. »

bourg. Bien qu'effondré sur plusieurs points, ce
souterrain est connu. Etait-ce un chemin de ronde
communiquant d'une tour à l'autre? Etait-ce un égout
du temps de la splendeur d'Aime, ou quelque passage
mystérieux servant aux prêtres du temple auquel
succéda l'église de Saint-Martin? Nul ne le sait. Aucune recherche n'a été faite jusqu'à présent dans ce
sol, où gisent les cendres d'une cité occupée par une
légion, et séjour d'un commandant romain. De temps
à autre, le laboureur rencontre quelques médailles,
quelques pierres antiques; mais ces trouvailles sont
perdues, faute d'un musée ou de collectionneurs intelligents. De vastes dallages ont révélé leur existence ;
jusqu'où s'étendent-ils, quelle fut leur destination,
personne, non plus, ne s'en inquiète, et plus d'un
bas-relief trouvé dans le creusement des fondations a
été brisé par un marteau vandale pour assurer la base
des constructions modernes.

Aime est chef-lieu de canton ; il compte 1080
habitants, une compagnie de sapeurs-pompiers, une
école de filles et une salle d'asile tenues par les Sœurs
de Saint-Joseph; une école de garçons, entretenue
avec les revenus d'une école de latin, fermée en 1793,
et désignée par les fondations sous le nom de collège ;
une société de secours mutuels; enfin, des archives
remarquables par les anciens documents qu'elles
renferment, mais où l'édilité, peut-être trop craintive,
ne laisse point pénétrer les profanes, et qu'elle a mis
sous la protection de l'église, comme le faisaient du

reste assez généralement les communes de la Tarentaise.

Ce bourg occupe la partie sans contredit la plus
riante et la plus fertile de la Tarentaise. La culture
de la vigne s'y étend partout où l'exposition permet
la maturité du raisin; et là, comme dans tout l'arrondissement, il est curieux de voir la vigne et les noyers
coudoyer les sapins et toucher presque aux pâturages alpestres.

La population du bassin d'Aime, aux mœurs douces et tranquilles, n'est pas d'un sang riche et pur;
les goîtres et le crétinisme s'y étalent sur une assez
large échelle. Pourquoi cela? Il semblerait qu'au
milieu d'une exposition en apparence si prospère au
développement physique, l'air devrait être pur, les
habitants sains et robustes; il n'en est rien cependant. Serait-ce que l'air y tournoie trop sur lui-
même par suite de l'étranglement de la vallée au
détroit du Saix, et que, malgré son agitation tour-
billonnante, il n'est pas suffisamment renouvelé; ou
bien que les eaux potables y sont saturées du sulfate
de chaux dont les couches sont traversées par la plupart des sources servant à l'alimentation? La réponse
est difficile. Un vaste enquête statistique et scienti-
fique, ouverte sous l'impulsion du gouvernement, en
prépare la solution. Déjà, sous le régime sarde, des
recherches consciencieuses avaient été faites, mais
sans amener de solution définitive. Sera-t-on plus
heureux aujourd'hui? Probablement, encore bien

longtemps, la cause de ces deux grandes plaies des
vallées des Alpes restera dans les ténèbres. Toutefois,
il est bon de constater d'après l'expérience de chaque
jour, que, depuis quelques années, goîtres et crétinisme subissent un temps d'arrêt, depuis surtout
qu'une administration plus intelligente, plus soigneuse
de l'hygiène publique, fait de constants efforts pour
écarter toute cause de détérioration de l'air respira-
toire; que les villages se débarrassent des noyers qui
les étouffent; que l'entourage des maisons est en partie purgé des mares et des amas d'engrais; que les
habitations sont à l'intérieur plus propres et plus
confortables; que le paysan se nourrit mieux; que les
fenêtres sont agrandies, que les rues s'élargissent et
que de meilleures eaux sont consacrées à la boisson.

J'engage les touristes à profiter de leur halte à
Aime pour monter à la chapelle de Saint-Sigismond.
C'est un point facile à atteindre, et d'où l'ensemble
du bassin se présente mieux à l'œil. Il y verra quelques croix, souvenir du choléra, lorsqu'en 1853 ce
fléau, transporté par une cause inconnue, vint s'abat-
tre sur Aime, seul point qui, avec Moûtiers, en ait subi
les étreintes dans l'arrondissement. Et si le hasard
lui fait rencontrer quelque bonne femme sur la
route, qu'il lui demande à voir dans le rocher la
trace laissée par le genou de saint Jacques, lorsque,
gravissant le monticule par un étroit sentier, il fit
une chute qui aurait pu lui devenir funeste, si la
pierre ne se fût miraculeusement amollie.

Tout à côté d'Aime, se précipite le torrent de l'Ormente, qui descend des montagnes de Granier et de la Côte. Terribles à la fonte des neiges, ou lorsque les grandes pluies automnales glissent sur les terres sans s'y imbiber, ses eaux en remplissent le lit, charrient des blocs énormes et menacent sérieusement le bourg, dont quelques lambeaux, déjà à différentes reprises, se sont abîmés dans ses crues.

A Aime commence le chemin de grande communication dirigé vers la vallée de Beaufort par le Cormet (près de 1900ᵐ), col fier d'avoir vu plusieurs fois des soldats de la France volant à la conquête ou à la gloire sur les champs italiens.

Le 11 *octobre* 1600, *Henry IV, en grande compagnie de princes et autres gens de service,* (dit une note laissée par le curé du temps sur le registre de l'état civil conservé à la mairie de Beaufort,) *vint au Cormet ; il faisait mauvais temps, et il y dîna sans façons à l'abri d'un rocher, pour se mettre à couvert de la neige qui s'élevait au-dessus de sa tête comme une autre montagne. Le* 12 (dit la même note) *il est parti conduisant* 8000 *personnes, ayant fait force des siennes.*

Depuis Aime, la vallée, enfermée entre les hautes montagnes de Montvalezan-sur-Bellentre et des Chapelles sur la gauche, et, sur la droite, par celles de Macôt, de Landry, de Bellentre, de Peisey et de Hauteville-Gondon, court large et ouverte jusqu'au pied du Petit-Saint-Bernard, puis tourne au levant

pour s'encaisser davantage et former les sévères et
curieuses vallées de Sainte-Foy, de Tignes et du
Val-de-Tignes.

La partie inférieure des pentes est inclinée jusqu'à
l'Isère, couverte de prairies et de céréales; au-dessus,
la région des forêts; plus haut, celle des pâturages;
puis enfin, les crêtes rocheuses qui touchent aux
nues. Les villages y sont ensevelis sous les arbres
fruitiers; la vigne accompagne la droite du voyageur
jusqu'au-delà de Bellentre. Les rochers nus et abruptes n'existent presque pas dans cette région admirablement habillée; la nature les a relégués sur les
sommités du Mont-Pourri et des monts adjacents
groupés autour de lui.

Deux vallées secondaires tombent perpendiculaires
au cours de l'Isère; toutes deux méritent une attention spéciale, une course à part : ce sont, celle de Mâcot, qui débouche en face d'Aime, et celle de Peisey
dont l'entrée est à Landry. La vallée de Mâcot recèle
des mines de plomb argentifère en puissants filons,
elle possède aussi des gisements d'anthracite.

L'anthracite, du reste, abonde dans toute la vallée,
et la route impériale en est jalonnée, d'Aime à Bellentre. Malheureusement, ces mines n'ont pas encore
trouvé des exploiteurs assez riches, ni assez intelligents, pour entreprendre des travaux d'ensemble
utilement dirigés; et, jusqu'ici, que d'efforts perdus,
que de dépenses décuplées, pour être suivies sur une
trop petite échelle!

C'est en 1807 que le hasard fit découvrir la mine de plomb argentifère de Mâcot (1930 ᵐ); peu après, on en commença l'exploitation. Sous l'habile direction de MM. Rosemberg et Despine, elle donna de beaux produits. Plus tard, ces produits diminuèrent; mais, en 1852, vendue à l'industrie privée, elle en reçut un nouvel essor. Dieu veuille qu'il continue pour le bien du pays. En 1863, les produits de l'année représentaient une valeur vénale de 230,000 francs.

Le minerai, détaché de la montagne par le jeu de la mine, est extrait des fosses avec sa cangue, porté sous des bocards, lourds marteaux mus par une roue hydraulique et par une machine à vapeur, qui le pulvérisent; transporté à la laverie (1536 ᵐ) sur des tables *ad hoc*, où sont éliminées toutes les parties pierreuses et terreuses, au moyen d'une nappe d'eau qui les entraîne; puis enfin, ainsi réduit en schlick, soit en sable fin de minéral pur, il est conduit aux fonderies de la société franco-savoisienne.

Tant que l'État en fut l'exploiteur, c'est tout près d'Albertville, dans les bâtiments encore existants de la fonderie, que le schlick était fondu. L'argent, séparé dans un vaste creuset par l'oxidation du plomb en fusion, au moyen d'un courant d'air insufflé par de fortes machines, était envoyé à la Monnaie; le plomb servait en majeure partie à la fabrication des plombs de chasse dans les tours de granulation.

Le pittoresque de la vallée qui, de Mâcot, conduit à la mine, les usines d'exploitation, les galeries ouvertes à l'extraction du minerai, les jolies laveuses occupées à surveiller l'épurement du schlick, ne méritent pas seuls ici l'attention du voyageur. Deux vastes galeries souterraines longtemps ignorées, de l'origine la plus antique, à en juger par les stalactites et les pierres qui les encombraient et qui encombrent encore la partie non explorée, sont dignes des études de l'archéologue. Taillées à la pointe, elles communiquent ensemble, l'une en contrebas de l'autre, sans doute pour former galerie d'écoulement. Sur leur parcours se rencontrent de vastes chambres de 13 mètres environ d'élévation. La galerie y pénètre à mi-hauteur, et des traces de portes semblent exister à ces entrées. Quelques débris de poterie, un fer de lance, une hache très bien trempée, sont les seuls objets qu'on y ait recueillis. Vers le milieu de la galerie supérieure, s'en élève une autre en spirale, dont la profondeur n'a point été sondée. Furent-elles un premier travail pour rechercher la mine? Mais alors, pourquoi les galeries à arêtes bien formées traversent-elles des filons de minerai, sans que ces derniers aient été fouillés? Furent-elles un de ces souterrains gigantesques dont quelques régions de l'ancien monde fournissent des exemples, destinés à recevoir les ossements des guerriers, et à servir de refuge aux peuplades dans ces montagnes pendant la guerre? Ont-elles servi de temple au culte des Druides, ou furent elles des catacombes réservées au culte chrétien dans les siècles de persécution? Ces questions jusqu'à ce jour n'ont pu s'éclaircir.

Au Mont-Saint-Jacques de Mâcot se voient encore, nòn loin du village de Bonnegarde, les traces d'un camp d'observation établi par les Espagnols lors de leur occupation de 1630 à 1703, et de 1742 à 1749.

La vallée de Peisey possède également une mine de plomb argentifère (1532^m), d'un minerai intrinsèquement beaucoup plus riche que celui de Mâcot, mais dont les filons ont une moins grande puissance. En activité dès 1714, la mine de Peisey fut exploitée d'abord par une compagnie anglaise, à laquelle succéda une compagnie sarde; puis, par le gouvernement français, lors de l'occupation de la Savoie par les armées de la République; puis enfin, par le gouvernement sarde après la Restauration, jusqu'en 1852 qu'elle fut livrée à l'industrie privée. On estime que de 1714 à 1828. elle a produit pour 20 millions de francs. Dès lors, ses produits annuels ont varié de 120 à 130 mille francs; ils ont diminué depuis quelques années par suite de l'invasion des eaux dans les galeries inférieures; mais les travaux, qui vont être repris en sous-œuvre, après l'épuisement des fosses inondées, rendront sous peu à ces mines toute l'importance de leur production.

L'archéologue n'a rien à voir à Peisey; il n'en est pas de même du botaniste, qui peut y faire abondante moisson, des peintres y admireront avec bonheur un tableau représentant la *Madelaine* repentante, chef-d'œuvre de l'école italienne, légué par un enfant de la Savoie à la chapelle de son village. Les pieuses jeunes filles cherchant mari, devront y faire un pélerinage à Notre-Dame-des-Neiges ; car la Vierge-Mère y écoute toujours favorablement la demande d'un cœur attendri par l'amour, et le futur mariage ne saurait être malheureux sous les auspices d'une humble prière au sanctuaire de la montagne.

Le paysagiste, lui, ne pourra se séparer de cette charmante vallée, ornée du joli glacier de la Tête ; car elle le dispute avantageusement à ses émules les plus courues des hautes montagnes de la Suisse. Le pittoresque, le gracieux, l'imposant, tout s'y trouve réuni, et la vallée de Peisey peut à elle seule remplir un album. Je ne parlerai pas de la population féminine qui l'habite ; et cependant elle est jolie avec son costume national, sont front intelligent, son regard plein de vie. Des robes de grosse laine du pays, d'originales *frontières* rouges, blanches ou bleues, ne nuisent point à ces beautés rustiques, dont plus d'une grande dame ambitionnerait la finesse des traits, l'élégance de la taille.

De belles forêts, de riches pâturages, de nombreux villages bien bâtis, bien situés, entourés de culture, complètent l'ensemble de cette remarquable vallée.

Entre Aime et Bellentre, le Neiget doit fixer l'attention. La route le traverse. C'est un mas assez vaste glissant peu à peu vers l'Isère en un seul bloc, et entraînant par un mouvement lent, uniforme et continu, sans presque en déranger la symétrie, arbres, rochers, champs et maisons. Le même phénomène apparaît sur plusieurs points de la Tarentaise. Ainsi, non loin de Moûtiers, un mouvement analogue entraîne les terrains sur lesquels repose Notre-Dame-du-Pré (1267 ᵐ); et l'église, qui se voyait à peine depuis la plaine, il y a 25 ans, apparaît tout entière aujourd'hui. Ainsi dans la commune de Montagny, dont le clocher incline chaque année davantage vers la montagne; et encore, dans la commune de Doucy, où le sol s'entr'ouvre par de larges et profondes crevasses.

En face du Neiget, le torrent de Sangot couvre la rive gauche de l'Isère des graviers arrachés par ses crues.

Le chef-lieu de Bellentre (782 ᵐ), traversé par la route impériale, n'a rien d'intéressant. Cette commune forme l'entrée du large bassin de Bourg-St-Maurice. Peut-être sa position n'est-elle pas étrangère à l'étymologie de son nom.

Un archéologue aurait remarqué tout près de Bellentre les ruines d'une tour antique, débris sans souvenir d'un château féodal.

Sur la rive droite, au débouché de Peisey, voyez comme l'église de Landry (851 ᵐ), coquettement plantée sur un cône de verdure, domine blanche et élancée le village qui repose à ses pieds; comme elle se dessine gracieusement sur les bois noirs formant le fonds de ce joli paysage! Cette commune possède de belles forêts et des gisements d'anthracite. Au-dessus de Landry pointe la croix du clocher de l'église de — Peisey (1335 ᵐ).

III.

SOMMAIRE.

Après Landry, toujours sur la rive gauche de l'Isère, vient Hauteville-Gondon (856ᵐ), qui ouvre en plein le bassin de Bourg-Saint-Maurice (*Bergentrum* sous les Romains). Jetons en passant un rapide coup d'œil sur l'ensemble du tableau.

Les villages dépendant des communes de Bourg, des Chapelles, de Séez, de Hauteville-Gondon, disséminés nombreux, tantôt posés au centre de vastes prairies, tantôt pittoresquement élevés sur des ma-

melons boisés, puis çà et là cramponnés aux flancs
rapides de la montagne. La profondeur de la vallée
du côté de Moûtiers; son prolongement coudé vers
Sainte-Foy et les Tignes; les belles forêts de sapins,
de mélèzes d'essences diverses, qui couvrent les
pentes de Hauteville-Gondon et du Malgovert, faisant
contraste avec celles des Chapelles, de Bourg et de
Séez, habillées de champs et de pâturages; dans le
fond, le Saint-Bernard (l'*Alpis graia* des Romains),
vers lequel rampent les prairies de Séez. Avant
Bourg, les gorges arides, profondément ravinées de
l'Arbonne, du Nantet et de la Borgeat; plus loin, au
coude externe de la vallée, l'entrée rocheuse et sombre de la gorge de Bonneval; à l'entrée de cette gorge,
la vieille tour du Châtelard, perchée sur son rocher
de marbre; le centre de la plaine, couvert de bois
blancs semés de quelques sapins noirs; l'Isère, diva-
guant dans cette plaine, où elle mêle ses graviers
aux graviers du Versoyen, de Bonneval et du Reclus,
descendant du Saint-Bernard. Des pentes larges et
douces couchées au pied des monts, qui, admirablement proportionnés au grandiose du paysage, dominent de toute leur hauteur les territoires des
Chapelles, de Séez et de Bourg, harmonieusement
coupés, dans les parties les plus chaudes, par des
arbres fruitiers, et dans celles les plus froides, par
des bouquets de saules, de peupliers et de bouleaux.
Enfin, le chef-lieu de Bourg-Saint-Maurice, blanc

et frais, paré de sa jolie église ; le tout couronné par des crêtes dentelées et les glaciers des Alpes.

Cet ensemble est splendide, éclairé par le soleil levant.

Une population remarquablement belle et forte habite ces hautes vallées. Les teints blafards et maladifs, les goitres, le crétinisme, disparaissent dans cette atmosphère balayée par les vents, et largement ouverte aux rayons du soleil. Hommes et femmes, bien pris de taille, pleins de vie et de santé, au front large et carré, au regard intelligent, portent sur tout leur être le cachet de l'air pur qu'on y respire. Les femmes, presque toutes, se coiffent de la *frontière nationale*, enrichie de velours noir, de satin blanc, d'étoffes brochées d'or ou d'argent, et, sous cette coiffure, qui rappelle celle de Marie Stuart, leur beau type brille encore davantage.

Bourg-Saint-Maurice (842^m) compte une population de 2,597 habitants. Il fut détruit à deux reprises, une fois par la crue du torrent le Nantet, qui ensevelit l'église et la partie supérieure du village, et une seconde fois, en 1794, par un violent incendie. Bien rebâti sur une seule rue, il n'offre rien de curieux pour l'archéologue ; mais le minéralogiste et le botaniste peuvent avec intérêt parcourir ses montagnes. Le bétail est sa grande richesse, comme il est la richesse de tout le canton.

Bergentrum était un peu plus au nord, dans la

3

plaine. Le torrent du Borgeat la ***Bergenta*** le par-
courait en deux ; une tour isolée et quelques fondations dans le sous-sol en sont un indice sûr.

La race bovine de Tarentaise, ou *tarine*, si
grandement et si justement appréciée pour ses
qualités lactifères, classée parmi les races françaises,
peut rivaliser avec celle de Schwytz. Sobre, robuste,
donnant une moyenne annuelle de 4 à 6 litres de lait
par jour, elle est d'un facile élevage, parfaitement
adaptée aux montagnes abruptes de la Savoie ; son
pelage est froment-fauve. Le regard plein de douceur
de cette jolie race, l'élégance ses formes, ses instincts
bons comme son regard, sa tête bien faite, ses jambes
fines, son poil doux et brillant, ses cornes contour-
nées en croissant régulier, son port aristocratique,
la font principalement remarquer. Elle est belle à.
voir surtout, lorsqu'en nombreux troupeaux elle
s'achemine superbe vers les gras pâturages des
montagnes, agitant fièrement l'énorme sonnette dont
on se plaît à orner son cou. Facile à l'engraissage, sa
chair est excellente, son cuir fin et fort, son rende-
ment considérable, proportionné à la nourriture
qu'elle absorbe. Aussi, la race bovine de Tarentaise,
qui, chaque jour encore, s'épure et se perfectionne
par une sélection intelligente et le bon choix des
taureaux reproducteurs, est-elle extrêmement re-
cherchée, et son prix est-il doublé depuis son ad-
mission parmi les races françaises, depuis que,

primée dans les concours, elle s'est fait connaître et
apprécier loin de nos vallées.

Cette race remarquable est répandue dans tout
l'arrondissement; mais, mal soignée dans les basses
vallées, elle est loin d'y présenter le type élégant du
canton de Bourg-Saint-Maurice.

De Bellentre à Landry disparaissent les cultures
de la vigne et du froment; elles y font place au seigle, au lin, à l'orge, à l'avoine, aux prairies naturelles, à la pomme de terre, qui se cultive partout.

Le territoire de Bourg-Saint-Maurice abonde en
mines de toute espèce. Ainsi, les gorges d'Arbonne,
dont les eaux, furieuses à certaines époques de grandes pluies, charrient des terrains d'éboulement et
portent la désolation dans la plaine, abritent des
des filons de cuivre argentifère, de plomb, d'anthracite, de fer ooligiste et spathique, d'or même ;
des terres réfractaires, de la magnésie, de la tourbe,
des terres alumineuses, des carbonates et des sulfates de chaux d'une beauté remarquable ; et ces
richesses, enfouies dans le sol, n'attendent que des
voies plus faciles et des ports moins coûteux, pour
être livrées l'industrie. Espérons que la prompte
réalisation du réseau secondaire des voies ferrées
ne tardera pas à amener jusqu'au centre de ce magnifique bassin un railway assez économique pour
permettre l'exploitation de ces trésors naturels, où
l'homme n'a qu'à puiser. Une pente maximum de
2 1/2 pour cent peut conduire de Moûtiers à Bourg

en suivant le bas-fond de la vallée, et, certes, ce n'est pas l'industrie qui s'effraiera des rares travaux d'art que peut présenter cette ligne solidement établie sur tout son parcours.

A l'entrée de la gorge d'Arbonne existe une roche salée, qui fut exploitée en 1780 par une compagnie bernoise. En 1828, son exploitation fut reprise à titre d'essai, puis suspendue après la destruction de l'usine par une crue du torrent. Déjà on y avait fait des fouilles dans le 14ᵐᵉ siècle, après la destruction de Salins et des salines de Moûtiers. En 1449, le duc Louis y établissait Jean Dognaz comme directeur, et en 1559, Emmanuel-Philibert faisait reprendre les travaux; mais une crue du torrent ayant emporté l'usine, il se décida à rétablir les salines de Moûtiers.

Au point où la vallée se plie en coude pour se porter à l'est, débouche la gorge de Bonneval, qui s'élève rapide vers les Chapieux (1,553ᵐ) pour prendre une triple direction : l'une, sur Beaufort (754ᵐ) en traversant les pâturages de Roselin, l'un des plus gracieux vallons des Alpes de Savoie, et le col de ce nom (1,964ᵐ); l'autre, vers les vallées de Saint-Gervais et de Chamonix, par le col du Bonhomme (2,490ᵐ), ou par le col des Fours (2,690ᵐ); et la troisième, sur la vallée d'Aoste, par le col de la Seigne (2,472ᵐ), la vallée des Glaciers (l'*Allée blanche*), si précieuse aux touristes, et Courmayeur (1,234ᵐ).

Cette vallée possède également de riches filons de

fer, de vastes montagnes à gruyère dans le bassin des Motets (1,822ᵐ) au pied de la Seigne, la source minérale des Motets, alcaline et gazeuse, de la même nature, mais bien supérieure à celle de la Victoire, près Courmayeur, sur le revers italien du Petit-Saint-Bernard.

Une eau thermale à 35 degrés sourde à Bonneval (1,040ᵐ), abritée maintenant par une méchante cabane. Elle aussi, plus tard, aura son établissement digne de sa haute puissance médicale.

Une course des plus intéressantes pour le paysagiste et le touriste amateurs du grandiose, est celle de Bourg-Saint-Maurice à Courmayeur par Bonneval, les Chapieux, les Motets, le col de la Seigne, l'Allée blanche, avec retour par Pré-Saint-Didier, La Thuile et le Petit-Saint-Bernard. La vallée de Bonneval, dès le Châtelard à l'entrée de la gorge, est charmante, malgré son encaissement. Des sites variés et imposants s'y développent à chaque pas; dans le haut apparaît l'église de Versoye (1,332ᵐ). Passé Bonneval, la gorge est aride et désolée; puis, viennent les Chapieux, au pied des rampes qui, en face, conduisent au col du Bonhomme et, sur la gauche, au col du Cormet de Roselin (1,964ᵐ). Le voyageur peut y faire halte dans un hôtel convenable.

Après les Chapieux, voici le bassin des Motets; celui-ci, plus grand, repose la vue avec ses vastes pâturages émaillés de fleurs, ses nombreux châlets, son magnifique glacier. Enfin, après une ascension

rapide et qui n'est pas sans danger, on touche au col
de la Seigne. Il faut renoncer à peindre le splendide
spectacle qui tout à coup s'y déploie devant les yeux.
Le colossal Mont-Blanc, entouré d'une foule d'aiguilles gigantesques et de magnifiques glaciers,
étonne par sa masse incommensurable; dans le fond,
apparaît, majestueux aussi, le Mont-Rose, rattaché
par sa longue chaîne de pics à la chaîne du Mont-
Blanc. Les montagnes neigeuses du Valais et celles
groupées autour du Simplon et du Grand-Saint-
Bernard en forment les traits-d'union.

L'Allée blanche et le val Véni qui la suit offrent
le plus grand intérêt au paysagiste, car les vues qu'ils
présentent sont aussi variées et grandioses que ravis-
santes; mais c'est surtout le géologue qu'ils inté-
ressent, parce qu'il peut à loisir y étudier aussi bien
les couches superposées par les siècles et soulevées
par la poussée du Mont-Blanc, que le mouvement,
la vie et la structure des glaciers dont les immenses
moraines coupent la vallée.

Le lac de Combal, formé par un étranglement arti-
ficiel qui enserre les eaux de la Doire; les hameaux
de Riviègle et de Frère; le glacier du Miage; les
forêts de mélèzes que traverse la route contournant
la base du Gramont; la vue du Mont-Blanc et du
Géant à travers les arbres; le torrent écumeux qui
mugit dans le bas de la vallée; puis le village et les
terrains cultivés d'Entrèves; la longue vallée qui
s'élève vers le col du Ferret pour tomber sur Mar-

tigny, et enfin le riche et pittoresque bassin de Courmayeur ; tout cela est saisi et admiré tour à tour.

Pré-Saint-Didier est un joli village bien groupé dans des prairies, à l'entrée de la gorge qui conduit à La Thuile et de là au Petit-Saint-Bernard. En gravissant les nombreux lacets que forme la route avant de s'enfoncer dans la gorge, la vue se repose magnifiquement sur la vallée de Courmayeur, sur le Mont-Blanc et sur les aiguilles qui l'entourent. De jolies chutes d'eau, le pittoresque village de Montagnoda, le torrent qui, sur quelques points, gronde au milieu de rochers à pic semés de quelques vieux mélèzes, l'entrée sévère du bassin de La Thuile, close au levant par le val Digna, le glacier de Ruitor et les montagnes qui la séparent de Tignes, puis par le col du Saint-Bernard, varient sans cesse le paysage. Les heures semblent plus courtes en parcourant ces sites délicieux, et on ne quitte qu'à regret ces charmants paysages.

Le chef-lieu de Séez (907^m) n'offre de l'intérêt que par sa position au centre des prairies qui, du fond de la vallée, s'élèvent au col du Saint-Bernard. Une pierre tumulaire, encastrée dans le mur extérieur de l'église, et représentant un guerrier dont les pieds et la tête reposent sur des lions, attire l'attention. L'église est jolie. La route impériale traverse le village, et un bureau de douane occupe l'ancien château des marquis de la Val d'Isère.

La commune est importante; elle compte 1446 habitants, répartis dans cinq grands villages. Par une singulière anomalie, deux de ces villages ont des goitreux et des crétins; et cependant, bien peu de localités sont, plus que cette commune, balayées par des vents impétueux. Peut-être en faut-il trouver la cause dans les eaux qui les alimentent et dans l'espèce d'enfoncement de vallée qu'ils occupent.

Depuis Séez, deux chemins mènent au plateau du Petit-Saint-Bernard. L'un, rapide, vrai chemin de mulets, traverse le Reclus, près le hameau de Villard-dessus, sur un pont (1,124^m) au delà duquel la montagne présente un joli point de vue. Un torrent tombe en cascades au travers de prairies étagées, couronnées d'arbres, et du village de Saint-Germain; de l'autre côté du torrent, à l'entrée de la vallée d'où il sort, apparaissent des masses informes de gypse, blanchâtres. De Luc a cru y reconnaître la roche blanche dont parle Polybe, et auprès de laquelle Annibal se posta pour protéger sa cavalerie et ses bêtes de somme, pendant qu'elles montaient au point culminant du passage. Ce chemin gravit ensuite les pâturages sur la rive droite du Reclus, traverse le village de Saint-Germain (1,274^m) qu'une forêt séculaire protége contre les avalanches, touche au Creux-des-Morts (*) redouté des voya-

(*) Ne quittons pas le *Creux-des-Morts*, ni le refuge qui le domine, sans accorder un regret à la mémoire de David Jean-Antoine, l'intrépide cantonnier, qui durant

geurs, et rejoint enfin l'hospice à la hauteur du
col.

L'autre chemin, large et belle route récemment
ouverte, s'élève par une pente maximum de 5 pour
cent, se développe par de nombreux lacets, empruntant le territoire de Montvalezan-sur-Séez, connu
par sa fabrication très étendue de toiles du pays, en
traverse les forêts, touche presque à son importante
carrière d'ardoises, et vient se relier à l'ancien chemin, tout près de l'hospice. Trois heures et demie
de marche conduisent du chef-lieu de Séez au som-

plus de **30** ans a servi sur cette route, et dont le sang-
froid et le courage ont sauvé la vie à plus de voyageurs
qu'il ne comptait d'années. Dévoué par nature, David
aimait à secourir les passagers, et les tempêtes de la
montagne ne l'arrêtaient jamais. Le Saint-Bernard était
sa chose propre; il connaissait la vie des orages, il en
savait la durée et la force, et prévoyait l'ouragan dans
le petit nuage noir pointant à l'horizon. Que de fois ses
épaules robustes ont porté celui que le froid, la fatigue
ou la peur retenaient sur ces pas dangereux. Le 10 décembre 1860, David venait de transporter ainsi au-delà
du Creux-des-Morts un malheureux ouvrier de la vallée
d'Aoste. Heureux d'ajouter une bonne action à sa vie de
cantonnier, et se croyant à l'abri des avalanches, il allu-
mait sa pipe pour se reposer de la fatigue d'un sauve-
tage; mais, hélas! l'avalanche voulait sa proie; n'ayant
pu retenir le maçon Val-d'Aostin, elle enserre tout à
coup David, qui, saisi à l'improviste, tombe et disparaît
sous les neiges. Une simple croix de bois rappelle la date
de cette mort; c'est une croix de marbre qu'il faudrait
à cet homme de dévouement, dont le nom devrait être
écrit en lettres d'or parmi les bienfaiteurs de l'humanité, et qui durant sa longue carrière, pendant laquelle
il a plus de cent fois exposé sa vie, n'a pas même songé
à demander une marque de distinction, tant il lui sem-
blait naturel de faire *son devoir*, comme il disait dans
sa sublime simplicité.

met du col par l'ancien chemin; par la nouvelle
route, il en faudra six au moins. C'est aussi sur la
rive droite du Reclus, mais par une pente plus rapide que celle suivie par le nouveau tracé, que
passait la voie romaine, ainsi que l'indiquent encore
quelques vestiges de cette voie.

Le col du Petit-Saint-Bernard est un plateau de
trois kilomètres de long, couvert de maigres pâtura-
rages. Tout près de la place qu'occupait, il y a quelques années, un lac sans poissons, s'élève l'hospice,
vaste bâtiment isolé sur l'extrémité du plateau du
côté de France. Cette maison de refuge fut longtemps
desservie par les religieux de l'ordre de Saint-Bernard. En 1742 elle fut incorporée à l'ordre militaire
et religieux des SS. Maurice et Lazare, qui l'entre-
tient à ses frais et y donne annuellement abri et
nourriture à près de 10,000 voyageurs. Les pauvres
y sont reçus gratuitement; quant aux riches, depuis
1860, un hôtel voisin dépendant de l'hospice fournit à leurs besoins. La frontière italienne englobe
aussi l'hospice, que la République et le premier Empire avaient laissé à la France.

Sur le plateau la vue est restreinte et des plus mo-
notones; mais, pour jouir d'un beau spectacle, il
suffit de monter au Mont-Valezan, situé au sud-est
du vallon. On jette en passant un coup d'œil sur
la redoute du Niveau, témoin, vers le milieu du 17me
siècle, des luttes de la Tarentaise en faveur de Chris-
tine de France, duchesse de Savoie, contre ses beaux-

frères Thomas et Maurice. Cette redoute fut rétablie
en 1791, et prise par les soldats de la République
en 1793. De ce sommet (3,332 m), on voit le revers
du Mont-Blanc s'élever en face du côté du nord, majestueusement entouré des aiguilles du col de la
Seigne, du Glacier, du Mont-Rouge, du Ferret et du
Gramont. Vers le sud-est, la vue plonge sur toute
la vallée de l'Isère, depuis le Mont-Iseran jusqu'à
Moûtiers; elle plane aussi sur les montagnes qui séparent cette vallée de celle de Beaufort. Dans le
lointain, pointe la Vanoise blanche de neige, massée,
à sa gauche, du Mont-Iseran, et, à sa droite, du large
pâté de montagnes qui, depuis la Vanoise, séparent
la Maurienne de la Tarentaise, en formant dans leurs
plis les vallées de Pralognan, de Saint-Bon, des Allues et des Belleville. Une autre cime, un peu plus
distante de l'hospice (une heure et demie), mais dont
l'accès est plus pénible par sa pente rapide, présente
une vue plus large encore : c'est celle du *Belvédère*.

Non loin de l'hospice, des pierres druidiques ran-
gées en cercles, quelques traces de constructions romaines, des vestiges d'autres constructions posté-
rieures (*), y attestent l'ancienne importance de ce
passage des Alpes, et on comprend qu'Annibal, ce
général si habile et si prudent, n'ait pas craint de
s'y engager avec ses hommes et ses bêtes de somme.

(*) Sans doute celles de l'hospice élevé au 10ᵐᵉ siècle
par Bernard de Menthon, après que le saint eût détruit
la statue de Jupiter ou de Pen et, avec elle, les restes
d'idolâtrie qui jusqu'alors s'étaient maintenus dans ces
contrées.

Au point culminant du plateau (2,186 ^{m}), se maintient debout l'antique colonne *Joux*, témoin muet des faits passés sur ces sommités. Son origine paraît antérieure à l'époque romaine; elle est de marbre cipollin veiné, et mesure 7^m de haut sur 1^m de diamètre. La croix civilisatrice y a remplacé le dieu Pen, redouté de ses adorateurs, au dire de la tradition, et avec elle le christianisme a apporté sur la montagne l'espérance et les secours aux voyageurs.

Huit heures de marche séparent l'hospice de la cité d'Aoste. Durant ce long trajet, le temps est court; car le revers du Petit-Saint-Bernard est plus riant, plus animé par les châlets, par les troupeaux dispersés dans de beaux pâturages, par un lac gracieux, par de belles eaux ; puis, la vallée à parcourir est riche de sites pittoresques, semée de ruines féodales, animée par de nombreuses usines, et une halte aux établissements thermaux de Pré-Saint-Didier et de Courmayeur coupe la distance.

Aoste (*Augusta Prætoria* des Romains) était la capitale des Salasses, qui s'y étaient établis 1158 ans avant J. C.; elle sera visitée avec plaisir par les archéologues, qui aimeront à parcourir les ruines d'un amphithéâtre, à voir un arc de triomphe et à lire de nombreuses inscriptions laissées par l'époque romaine. Personne n'oubliera la Tour du Lépreux de la cité, illustrée par de Maistre, ce Savoisien notre contemporain, dont le style s'est produit si attachant, si plein de cœur. — Rentrons en Tarentaise.

IV.

SOMMAIRE.

Après Séez, l'aspect de la vallée change et se
resserre. A peine, sur quelques points, l'Isère écu-
meuse laisse-t-elle un sûr passage au chemin de
grande communication qui, de Séez où il se détache de la route impériale, va passer le Mont-
Iseran et se rattacher à la Haute-Maurienne par
la vallée de Bonneval (Maurienne), en débouchant
à Lanslebourg, au pied du Mont-Cenis.

Sur la rive gauche se dérobent de sombres
forêts de sapins ou de mélèzes; sur la rive droite,

c'est le territoire bien cultivé et arrosé avec intelligence de Montvalezan-sur-Séez, dont le clocher
se dessine à mi-mont et élancé sur un étroit plateau 1167ᵐ.

Quelques gracieux paysages de détail, entre autres la vue d'un pont sur l'Isère, dans un point
où le torrent repose calme et limpide; un cadre de
noyers, de sapins, d'ormes et de bouleaux, l'en-
toure. A côté d'un fouillis d'arbre est une chapelle
rustique, penchée sur le torrent; elle couronne un
bloc de pierre tapissé de mousses, de fougères, de
plantes variées. Dans un coin du tableau un groupe
de maisons construites en bois, abritées sous de
larges toitures, décorées de façades en pignon avec
leurs galeries rustiques échelonnées, complètent le
second plan. Sur le troisième se dessine le fond
de la vallée, rapide, élevé par des pas de géant.
La silhouette du village et de l'église de Sainte-Foy
s'y détache toute blanche sur un fond de montagnes
noires, découpées dans l'azur du ciel, toujours
plus bleu à mesure qu'on s'élève.

Avant d'arriver sur le haut plateau de Sainte-Foy,
une remarquable cascade et le pont du Champet
(908 ᵐ), jeté sur le torrent de ce nom font aussi
le sujet d'un charmant croquis.

Sainte-Foy (1047 ᵐ) a une population de 1,431
habitants; elle est riche en forêts, en pâturages,
en montagnes à gruyère. Son territoire va toucher
aux glaciers, limites de la vallée d'Aoste. Le miel,

la pomme-de-terre, le fromage, sont ses productions principales. Un filon d'amiante y fut exploité sous le premier Empire, et le sieur Perpenti en fabriquait, tout près de Côme, des dentelles fines et du papier. Dès lors, on n'a plus extrait ce mineral que pour satisfaire la curiosité de quelques voyageurs, et cependant cette substance pourrait utilement s'employer dans l'industrie céramique pour la couverte des porcelaines dures, et pour remplacer dans les faïences fines les vernis plombifères qui manquent de dureté et de salubrité. L'amiante de Tarentaise est le plus beau d'Europe; on voit même que c'est avec celui de cette provenance que les Romains tissaient des draps mortuaires. Il se trouve dans les roches serpentineuses du Petit-Saint-Bernard, en faisceaux et en filets intercalés entre les joints des rochers. Séez, le Val-de-Tignes et le Bourg-Saint-Maurice en possèdent des gisements, et le massif du Mont-Iseran, sur le revers de la Maurienne, en présenterait également de belles explorations.

En face de Sainte-Foy, quoique un peu moins au-dessus du lit de l'Isère, se trouve Villaroger (1075 ᵐ). Leurs deux clochers, qu'une distance si courte sépare à vol d'oiseau, semblent converser entre eux, et, nouvelles colonnes d'Hercule, protester là d'un *nec plus ultra*. Cependant, pour toucher au Mont-Iseran, extrême limite de la vallée, ainsi

que pour atteindre la source de l'Isère, cinq à six
fortes heures de marche sont encore nécessaires.

Quatre passages différents par les cols de Taqui,
du Lac, du Mont et du Clou, conduisent dans la vallée d'Aoste; tous quatre viennent aboutir aux villages de la Masure et du Miroir, en touchant aux
forêts du Devin.

De Sainte-Foy aux Brevières, premier village de
Tignes, la voie monte et descend alternativement
tantôt à travers des champs de seigle et d'orge,
tantôt au milieu de rochers arides roulés par les
avalanches et par des éboulements gigantesques; elle
éventre ensuite une longue forêt peuplée de mélèzes,
où l'agile et gracieux écureuil bondit de branche
en branche. Des arbres brisés ou violemment arrachés, rappellent ici la fureur des amas de neiges qui,
se précipitant des sommités du Mont-Pourri, viennent chaque année combler le bas de la vallée.
Poussant l'ouragan devant elle, l'avalanche ébranle
la forêt d'en face, et le simple déplacement d'une colonne d'air à laquelle rien ne résiste suffit pour ar-
racher du sol et briser les plus fortes plantes.

La traversée depuis le chef-lieu de Sainte-Foy aux
Brevières est délicieuse ; plusieurs hameaux aux
constructions rustiques l'animent, et partout, d'ailleurs, une population à l'aise, vive, intelligente et
riche d'un beau sang, s'intéresse au voyageur qui
passe.

Une localité, entre autres, frappe davantage et

mériterait à elle seule la visite des touristes. C'est celle d'où l'œil se repose sur le territoire de La Gurraz. La Gurraz, pauvre petit village dépendant — de Villaroger, dont des précipices le séparent, forme paroisse à part; il est situé sur la rive gauche de l'Isère. Rien de plus pittoresque, mais rien aussi de plus sévère ni de plus imposant que ce site. Au bas, dans le fond d'une gorge étroitement resserrée, l'Isère mugit blanche et furieuse contre les blocs qui semblent s'efforcer de l'arrêter dans son cours. Au-dessus, des murailles abruptes de rochers à pic et déchiquetées, dont les anfractuosités laissent percer de rares mélèzes, les uns penchés sur l'abîme, retenus au rocher par leurs racines tortueuses; les autres, droits, élancés, élevés sur des tertres de mousse, comme des vedettes éternelles, placées là par le Créateur de ces magnifiques scènes, pour veiller à cette nature agreste et sauvage ; plus haut, une zône bien cultivée, coupée de mamelons épars semés de rares buissons d'aroles; au centre, et abritée derrière un roc puissant, l'église (1520 ^{m}) entourée de pauvres cabanes; et, pour couronner le paysage, le déroulement majestueux des glaciers (de la Marlin), du Mont-Pourri (appelé aussi la Thuria), dont les sommités éternellement neigeuses et tailladées lancent dans l'espace de splendides cascades.

Le village des Brevières (1562^m) n'a rien qui attache ; mais depuis là, le pittoresque règne en maître Ainsi, rien de saisissant comme ce pont de pierre

jeté au travers d'un torrent furieux, dont l'écume
rejaillit sur le voyageur qui passe. Détaché d'un
fond de buissons et de noirs sapins suspendus aux
rochers élevés, penchés sur le gouffre, il tranche avec
ses sombres abords. Je ne sais quelle épouvante in-
définie saisit l'âme dans ce passage, auquel des légendes de mort doivent se rattacher ; car des croix
et des emblêmes, apendus aux parois de la roche, y
marquent quelque terrible souvenir.

Un autre pas, magnifique aussi par ses grandioses
horreurs, la *Traversée des Gorges,* ne laisse non
plus rien à envier aux sites les plus vantés de la
Suisse et des Pyrénées. Hissé sur un mulet, dont le
moindre faux-pas peut précipiter monture et cava-
lier jusqu'au fond de l'abîme, le voyageur le plus
hardi est saisi d'un frisson involontaire ; et, tout en
admirant cet imposant défilé, ces roches cyclopéennes,
ces vieux mélèzes deux fois centenaires, parés de
long lichens, blanches chevelures suspendues aux
branches de ces vieillards de la forêt, un vertige in-
vincible saisit le voyageur, qui tremble et admire
tout à la fois, et se sent écrasé par les puissantes
décorations dont Dieu a revêtu ses œuvres.

Le plateau de Tignes succède calme et frais ; il
contraste avec la gorge si sombre ; la vallée s'y élar-
git, et le chef-lieu (1648 ᵐ) en occupe le centre au
milieu de prairies, de champs de seigle et d'orge.
Sur les flancs de la montagne, les torrents continuent
toutefois à précipiter leurs cascades, et jettent en

passant la vie et la fraîcheur à quelques groupes de sapins, qui apportent une grâce de plus à l'ensemble du paysage.

Durant six mois de l'année, l'hiver règne sur ce charmant bassin, et bien souvent, lorsque trois mètres de neige le recouvrent d'un lourd linceul blanc, les habitations ensevelies ne communiquent entre elles que par de profondes tranchées ou des tunnels couverts. En voyant ici l'Isère si calme, si limpide, serpenter nonchalamment au milieu de ces prairies, qui croirait retrouver les mêmes eaux dont, quelques centaines de mètres en arrière, les flots grondaient bruyamment, s'irritant contre les obstacles, et qui, dépouillant la montagne d'une rare terre végétale, vont, guidés par la main de l'homme, féconder, par des dépôts successifs et sagement aménagés, les mêmes plaines que jadis elles ravageaient lorsqu'elles étaient abandonnées à leurs instincts destructeurs.

Tignes possède une carrière de marbre blanc, et de vastes pâturages. De Tignes au Val-de-Tignes (1,800ᵐ), petite commune de 282 habitants, extrême frontière touchant aux montagnes d'Aoste, du Piémont et de la Maurienne, il faut une heure et demie de marche; la gorge qui les sépare est peut-être encore plus majestueusement effrayante que celle des Brevières à Tignes; puis, on débouche dans un large bassin.

Cette vallée, semblable à celle de Tignes pour le

calme et le repos, est plus poétiquement alpestre,
plus grandiose par les monts imposants qui la forment ; elle a un degré de beauté bien supérieur. Loin
de se fermer brusquement comme la précédente,
celle-ci s'allonge, pour ainsi dire, bifurquée en deux
vallons verts et gazonnés. L'un conduit à la source
de l'Isère, qui s'échappe du pied d'un glacier ; l'autre,
joli berceau de pâturages, se termine aux glaciers de
Plantori.

Trois passages aboutissent au Val-de-Tignes :
l'un, fréquenté des seuls chasseurs de chamois, ou
de rares contrebandiers, tombe en Italie dans le Ca-
navesan, par le col de la Lenta, aux vallées de l'Orca
et de Céresole ; le col de Galise, qu'il traverse, est à
3508^m d'élévation ; l'autre, par le glacier de Plantori,
descend directement sur Lanslebourg ; le troisième,
plus connu et le seul habituellement fréquenté, traverse le Mont-Iseran, au col de ce nom (2,481^m),
tombe à Bonneval (1,805^m), puis arrive à Bessans
(1,741^m), où un bon chemin conduit à Lanslebourg
(1,491^m), au pied des rampes du Mont-Cenis, dont
l'hospice est à une hauteur de (1,940^m). Le sentier
du col de Mulateri, qui va déboucher aux vallées ita-
liennes de Viu et de Lanzo, se rattache à cette ligne.
Ici on est en pleine montagne : de rare mélèzes, des
rododendrons, de pauvres petits champs d'orge et
d'avoine, de vastes pâturages émaillés de mille fleurs
en sont les seules productions ; l'élevage des bes-

liaux, la seule industrie. Pendant la mauvaise saison, les hommes de 20 à 40 ans émigrent.

Les *Avalins*, aussi bien que les *Tignards*, sont actifs et intelligents, mais avec des formes moins rudes ; ils vont en Piémont, à Barcelonne et à Paris ; beaucoup sont colporteurs ; puis, ils reviennent dans leurs montagnes cultiver leur petit champ, et vivre de cette vie sobre et calme si chère à ceux qui y ont vu le jour. Ils sont bons, polis, et respectueux dans leur dignité, qu'ils savent toujours conserver. C'est que leur âme, mûrie en face de cette nature splendide et sévère, sent mieux vibrer les cordes du devoir et de la liberté.

Lorsque ces vallées seront connues, et que des hôtels confortables y auront été créés pour recevoir les voyageurs, elles ne peuvent manquer d'être aussi fréquentées que celles de la Suisse ; car, sous plus d'un rapport, elles leur sont supérieures.

De Tignes, au lieu de revenir sur nos pas, tournons le pâté de montagnes groupées au pied du Mont-Pourri et de l'Aigle-Rousse (*), d'où s'échappent comme d'un centre les vallées de Peisey, de Tignes et de Champagny ; mais, avant d'atteindre les hauts cols du Palet (2547ᵐ) et de la Plagne, qui séparent le territoire de Tignes de celui de Peisey et de Champagny, reposons-nous un instant sur les

(*) Pointe moins élevée que la précédente, au sommet de laquelle est une pyramide, point de repaire des études géodésiques pour la carte de la Savoie.

bords pittoresques d'un gracieux lac, renommé pour
ses truites saumonées, large bassin de 26 hectares,
entouré de pâturages, dominé par d'énormes rochers
nus, découpés en forme de gigantesques fortifications, que couronnent encore sur l'arrière-plan les
glaces éternelles de *l'Oglia-Molla*. C'est qu'en effet
ce lac est plein de charmes, quand par un beau soleil levant il reproduit l'azur du ciel, les châlets qui
l'entourent, les nombreux troupeaux broutant sur
ses rives, et que les grandes ombres incertaines des
montagnes s'y marient aux brillants reflets des glaciers.

Au sommet du col, un autre spectacle attend le
voyageur. Quelle imposante nature! Je ne sais s'il
existe au monde un point empreint d'un cachet plus
sévère, d'une plus sublime désolation. Telle a été,
du moins, l'impression dont j'y fus saisi. C'est l'i-
mage la plus grandiose qu'une imagination rêveuse
puisse se figurer d'une terre maudite, frappée par
le courroux céleste. Le champ de bataille des géants
révoltés contre le ciel devait être ainsi. Ce ne sont
qu'aiguilles allongées et droites comme des restes
immenses de colonnades renversées, des rochers
monstrueux, aux formes bizarres, entassés ou brisés;
puis, des glaciers aux larges crevasses avec leur
teinte verdâtre, des torrents qui, tombant des rochers
nus, se précipitent furieux et se brisent en écume
blanche sur d'autres rochers nus aussi, ou sur d'a-
rides graviers; semblables, enfin, à d'énormes murail-

les, à des fortifications créées pour les combats des dieux, mais ébréchées par les siècles accumulés ou par une artillerie forte comme le ciel. De toutes parts, de profondes coupures ravinées sur des pentes perpendiculaires, des roches sans végétation aucune; en un mot, c'est le tableau le plus éloquent et le plus vrai d'une désolation colossale. Près de soi, plus loin, tout autour, rien que des roches métamorphiques, labourées par la foudre, à peine quelques maigres lichens que broutent les chamois; et, bien haut par dessus ce col déjà si haut placé, l'énorme et dernière croupe du Mont-Pourri (4045 ᵐ), hérissée de rochers aux formes les plus fantastiques, blanchies par les glaciers du Plan. Cette croupe est là, comme une forteresse imprenable, élevée contre le Maître des cieux, mais qu'il semble avoir voulu déchirer, lacérer, et maintenir en ruines, pour la donner en témoignage de sa puissance souveraine.

Depuis le col du Palet, on peut, allongeant le parcours, descendre sur la vallée de Poiscy, et de là, passant aux mines de Macôt, après avoir traversé de belles forêts et des sites remarquables, rejoindre Champagny par le col de la Forclaz, les pâturages du Lavassay et ceux de la Plagne. On peut aussi descendre directement sur Champagny, par le col de la Plagne, les vastes pâturages inclinés de la grande Plagne et par le Val de Prémou; mais ce parcours est triste, car il s'effectue dans une vallée

étroite, monotone, où rien ne ranime l'intérêt,
qu'un long glacier sans caractère.

Les cols de la Plagne et du Palet, rapprochés l'un
de l'autre, donnent entrée, comme nous l'avons vu,
aux vallées de Champagny, de Macôt, de Peisey,
de Tignes et du Val-de-Tignes. Ce point, admirablement placé pour établir des communications di-
rectes et promptes entre les parties les plus extrêmes
de la Tarentaise, et pour correspondre aussi directement avec les hautes vallées de la Maurienne, for-
merait par là même un centre d'action précieux pour
les populations contraintes à fuir devant l'ennemi, ou
à en surveiller les allures et à le harceler au besoin.
C'est en s'appuyant sur cette position singulière que
M. Duplan, archéologue de Moûtiers, mort depuis
peu, avait bâti son système sur la destination stratégique des souterrains de Mâcot.

Voici à ce sujet quelques notes tirées de ses ma-
nuscrits, et qui ne sont pas sans intérêt :

« Etait-ce un lieu (les souterrains de Mâcot) des-
tiné à des cérémonies religieuses, aux mystères druidiques, ou à des travaux de sûreté pour la guerre?
On ne le sait. Rien ne peut faire admettre la première hypothèse, bien que les Druides célébrassent
leurs mystères dans des cavernes situées près des
bois sacrés, où ils recelaient les richesses enlevées
aux ennemis et vouées à la divinité. Les restes
druidiques du Saint-Bernard peuvent cependant
appuyer cette idée. Il paraît même qu'une petite
colline non loin de Mâcot, près du village de Bonne-

garde, laisse supposer quelques traces d'un *Carn*, tels qu'on en voit en Ecosse et en Irlande (*).

« La seconde opinion, que les souterrains de Macôt avaient un but stratégique, paraît mieux fondée. En effet, les différents auteurs qui ont parlé des peuples confédérés qui occupèrent les Alpes *graiæ*, *(graies ou grecques)* et pennines, mentionnent les souterrains où les habitants et les armées se retiraient lorsqu'ils étaient pourchassés par leurs ennemis, et où ils cachaient leurs vivres et leurs trésors. Généralement auprès de leurs points fortifiés et importants, il se trouvait de ces vastes souterrains creusés par la main de l'homme.

« Or, la Tarentaise, au centre des montagnes, sur la frontière celtique, voisine de l'Italie, habitée par les Centrons, peuple plein d'énergie et d'indépendance, devenait un site naturel à fortifier ; et certes, de toute la Tarentaise, Macôt était pour cela le point le plus facile ; car il forme le point de jonction des hautes vallées de Tignes avec celle de Champagny et de Bozel, par où l'on pouvait tourner l'ennemi campé dans la grande vallée inférieure, De là aussi on pouvait communiquer par les passages des montagnes avec les peuples voisins alliés, qui habitaient la vallée d'Aoste, les hautes vallées du Piémont, la Maurienne et le Briançonnais.

« A certaine distance des souterrains, d'un côté, en dessus du territoire de Bellentre, et de l'autre côté, en dessus du territoire de Champagny et de Bozel, semblent se voir encore des traces de vastes fortifications, maintenant couvertes de pâturages, mais où la main de l'homme se reconnaît ; et sur le col du

---

(*) Les seuls dolmens connus en Savoie se trouvent dans la commune de Reignier en Faucigny. M. Duplan n'a-t-il point pris pour des vestiges de fortifications celtiques ou gauloises les restes du camp espagnol dont j'ai parlé plus haut.

Palet, du côté de Peisey, se retrouvent des traces de murailles circulaires, forme adoptée par les Gaulois dans leurs fortifications.

« De si vastes travaux sembleraient ridicules pour un petit peuple comme l'étaient les Centrons ; mais l'opinion se modifie quand on se rappelle que les Centrons faisaient partie d'une vaste confédération de divers peuples groupés autour des Alpes grecques et pennines, et qui comprenaient les Salasses, les Allobroges, les Virogres, les Sédunois, les Centrons, les Médules, les Garrocelles, les Vocontiens et les Ambruns. Trois grandes divisions embrassaient les diverses peuplades de la nation alpine : les tribus pennines ou *des pics* autour du Grand-Saint-Bernard ; les tribus graighes ou des rocs (de *graig,* roc), voisines du Petit-Saint-Bernard ; les Allobroges ou tribus des hauts villages (de *all,* haut ; *Bruig,* village ; ou *bru* et *bro,* lieu). La Centronie occupait une portion du Haut-Faucigny, la Tarentaise et quelques-uns disent, une partie du Valais. Les Romains, en groupant quelques-uns de ces peuples dans une même province, leur laissèrent probablement le même territoire, et sans doute, en établissant un propréteur à Darentasia, ils eurent pour motif de surveiller plus efficacement ce point naturellement fortifié, alors principale clef des Alpes.

« La grande voie romaine qui rattachait les Gaules à l'Italie escaladait le Petit-Saint-Bernard, et on ne peut douter que cette voie commerciale n'existât déjà avant l'occupation romaine ; les pierres druidiques du col du Saint-Bernard en sont la preuve.

« Des tours ou châteaux-forts la protégeaient ; car Tite-Live, parlant de la bataille livrée par Annibal à l'entrée des défilés des Alpes, laquelle, selon le plus de probabilité, aurait eu lieu dans la gorge qui sépare Aigueblanche de Moûtiers, dit : Le lendemain, le signal étant donné des châteaux-forts, *signa data ex castellis,* tous les habitants partirent pour reprendre la position...

« Les traditions populaires et les ruines des tours qui s'échelonnent le long de la grande vallée et des vallées latérales, et qui ont dû succéder à d'autres tours plus anciennes, sont au besoin là pour l'appuyer. Leur correspondance suivie et la dénomination de châtelard *(castellum ardens)* conservée jusqu'à nos jours aux lieux occupés par quelques-unes d'entre elles, indiquent assez que leur principal but devait être de porter rapidement d'une vallée à l'autre, par des feux allumés sur leur plate-forme, les signaux d'alarmes (*).

« Ces tours nombreuses sont une preuve de l'intérêt qui s'attachait à ces contrées au point de vue stratégique, et elles justifient la présence dans ces

(*) « Ainsi, la tour du Châtelard, près de Bourg-Saint-Maurice, devait communiquer avec la haute vallée de Sainte-Foy et correspondre avec la tour de Séez, laquelle transmettait les signaux d'un côté au Petit-Saint-Bernard, et de là dans la vallée d'Aoste; de l'autre, à la tour de Landry, démolie depuis longtemps; par celle-ci aux tours de Bellentre qui étaient en face, et à celles du Villard-d'Aime, qui communiquaient avec la ville. D'Aime les signaux passaient à la tour que la tradition place sur les hauts rochers de Hautecourt, et qui correspondait avec le château de Melfe. De Melfe, ils étaient transmis d'un côté dans la vallée de Bozel, de Champagny et de Pralognan, par les tours de Brides, des Allues, de Montagny, de Bozel, de Saint-Bon, de Champagny, du Planey; enfin, dans la vallée inférieure, par la correspondance de Melfe avec les tours de Doucy, de Le Bois, de Nâves, de Petit-Cœur, de Briançon, de Bonneval, de Pussy; et par celles-ci à la Roche-Cevin, puis à la basse vallée par les châteaux de Blay, de la Bâthie, de Tours et de Conflans.

« Outre les tours des signaux, des points fortifiés existaient à chaque étranglement de la vallée et aux passages importants : à Briançon, à Seran, aux Plaines et à Saint-Jacquemoz (territoire de Saint-Marcel); à Châtelard près le détroit du Saix, à Le Bois pour la défense du passage de la Roche, par où on aurait pu tourner le contrefort de Seran. »

montagnes de vastes travaux de guerre pour la défense d'un passage aussi important. »

Je reviens à Champagny. La vallée au dessus des
Gorges ressemble à celle de Tignes : même tranqui-
lité dans le torrent du Doron, qui l'arrose en serpentant dans la prairie ; même disposition dans les
rochers d'où se précipitent aussi de gracieuses cascades ; mêmes bouquets de mélèzes épars sur les
rochers ; même *facies* d'ensemble ; enfin, grande
analogie dans le costume des habitants.

Évidemment, les populations de ces deux vallées,
quoique séparées par un col élevé, ont eu la même
origine, origine dont ils conservent le type, tout
autre que celui des habitants des vallées inférieures.
Cette origine différente ne suffirait-elle pas à elle
seule pour expliquer la rivalité si prononcée, et dont
on ne sait où puiser la cause, qui de tout temps a
existé entre les premiers et les seconds, et que le
19e siècle n'a pas encore fait complètement disparaître.

Champagny vit de l'élevage et de l'engraissement
des bestiaux, du produit de ses montagnes, du col-
portage auquel se livrent la plupart des hommes durant l'hiver. Un grand nombre sont marchands d'or-
viétan et de simples, et renouvellent chaque année,
pour leur graisse d'ours et de chamois, le miracle
de la multiplication, cette graisse ne fût-elle même
que du saindoux. Toutefois les fortunes de Tignes
sont loin de se retrouver à Champagny. Paris est le

point d'émigration des Champagnolins; les Tignards au contraire se dirigent de préférence vers le Piémont.

Pierre de Champagnon, connu sous le nom de Pierre de Tarentaise, d'abord simple religieux dominicain, ensuite archevêque de Lyon, cardinal-évêque d'Ostie, né à Moûtiers en 1236, était, par sa famille, originaire de Champagny. Il fut élu pape en 1276, sous le nom d'Innocent V.

En descendant au village d'en bas, lorsque les derniers rayons du soleil couchant tombent sur la vallée, elle présente un des plus ravissants coups d'œil, comparable au passage de la Ghemmi. Resserrée déjà entre de hautes montagnes, cette étroite vallée est encombrée d'énormes rochers, tantôt arides et tantôt boisés, admirablement groupés ou disséminés, comme si une main savante avait voulu elle-même décorer le paysage, et le passage des Gorges, qui unit les deux bassins du haut et du bas Champagny, profondément encaissé, semé de sapins, et du fond duquel se précipitent en cascades les eaux écumantes du Doron, renferme des beautés splendides par les jeux mélangés de l'eau et de la lumière, dont les rayons paraissent à peine filtrés, au travers des rochers dentelés, aux lianes pendantes, et des mélèzes suspendus aux flancs de la montagne. Le chef-lieu de Champagny repose au centre d'un vert bassin bien cultivé, bien peuplé, animé par des eaux blanches et par quelques scieries en mouvement.

Le voyageur n'a du reste rien de particulier à y
voir, sauf peut-être dans l'église un riche maître-
autel en bois doré, orné de statues d'anges et de
sculptures curieuses, bien que d'un goût douteux.
La tour penchée du clocher ne peut non plus manquer d'attirer son attention. Depuis bientôt un siècle, sa forte inclinaison semble la menacer d'une ruine
prochaine, et cependant, malgré son manque d'a-
plomb, les murailles ne sont pas ébranlées.

Depuis l'église, au lieu de rejoindre Bozel par le
grand chemin, il vaut mieux suivre le joli et rapide
sentier taillé dans les rochers, qui conduit au hameau du Villard-le-Goîtreux.

V.

SOMMAIRE.

————————

C'est au village de Villard-le-Goitreux (896ᵐ), le premier de Pralognan, que les deux vallées de Champagny et de Pralognan débouchent sur celle de Bozel. Il n'offre d'intéressant que la gracieuse animation toujours apportée dans le paysage par un double courant d'eau, des moulins en mouvement, des ponts rustiques, l'ombrage touffu d'arbres puissants enveloppant les habitations, et la position de

pauvres demeures au pied de hautes montagnes
boisées.

Avant 1818, les maisons du Villard se groupaient
en une seule masse agglomérée, serrée, compacte,
comme la plupart des villages de la Tarentaise. A
cette époque, la chute d'une partie du glacier du
Prémou ayant élevé un barrage au sommet de la
vallée de Champagny, un lac s'y forma, puis tout à
coup cette digue de glace se rompit. Les eaux, jusque là retenues, se précipitèrent furieuses inondant
la vallée, entraînant tout sur leur passage. La moitié
du Villard disparut dans le torrent. Les nouvelles
constructions furent rejetées sur la rive droite, plus
espacées, mieux aérées, et dès lors la génération
des crétins et des goîtreux a presque disparu de
cette portion du village. Il faut ajouter, il est vrai,
que dès lors plusieurs filles de Champagny s'y sont
mariées, et que ce croisement de sang pur a dû re-
nouveler le sang vicié des familles du Villard;
qu'enfin, dès lors aussi, la destruction d'une forêt
qui interceptait la circulation de l'air, entre Bozel
et le Villard, a dû rendre à la masse ambiante le
mouvement nécessaire pour son renouvellement.
Ce fait mérite l'attention des médecins et des savants.

Le changement des eaux potables, l'aération des
constructions et des appartements par leur isolement,
la pénétration des rayons du soleil et de l'air libre
par la destruction des arbres, des noyers surtout,

amènent la réduction, si ce n'est pas la suppression
complète, du goître et du crétinisme ; l'expérience
de cette mesure à Moûtiers, à Aime, à Bozel, à Saint-
Laurent-de-la-Côte, à Montagny, au Bois, etc., en
est une preuve.

Laissons la vallée de Bozel et de Brides descendre
à Moûtiers, avec les deux branches du Doron réunies,
et remontons celle de Pralognan.

Une route départementale, large et bien établie,
la rattache à Moûtiers. Quoique étroite et profondément encaissée, cette vallée présente au
paysagiste les sujets de croquis les plus gracieux,
et de charmantes études. Le peintre qui aime à re-
produire les chutes d'eau à travers les rochers mous-
sus, les cascades abritées sous de touffus fouillis, le
jeu des lichens mêlés aux fougères, aux plantes aqua-
tiques, aux longues lianes suspendues en guirlandes ;
les sapins aux racines tourmentées, les buissons
apendus aux rochers et penchés sur des abîmes ;
des cuves gigantesques creusées par le temps, et au
fond desquelles le torrent bouillonne ; de jolis bassins succédant à ces chutes tourmentées, et paisibles
comme les rares journées de calme mêlées à la vie
agitée de l'homme ; enfin, tous les jeux de l'élément
liquide au milieu de rochers sauvages bizarrement
creusés et découpés ; ce peintre, dis-je, aurait des
journées entières à consacrer à la gorge qui, du Villard, conduit au Planey.

Une cascade, entre autres, mérite l'attention. Reléguée dans le fond de la gorge, cachée par la forêt, on ne peut y parvenir qu'à travers les ronces et les ravins, en s'écartant de la route un peu au-dessous du point où le nouveau tracé se rattache à l'ancien. Bien des voyageurs passent à côte d'elle sans se douter de son existence; cependant, cette cascade, bien supérieure à tant d'autres que la vogue vient visiter dans la Suisse et les Pyrénées, est admirable par la masse de ses eaux aussi bien que par le grandiose, le pittoresque, le bizarre des hauts rochers qui l'enserrent. Des arbres mêlés à son écume blanche, brisée et emportée par le vent, comme de légères vapeurs, la couronnent. Elle est surtout magnifique à voir lorsque ses flots pulvérisés tourbillonnent traversés par les rayons obliques du soleil, et que jetée contre les rochers nus et polis, cette même écume, condensée de nouveau, redescend en nappe. Puis, les jeux de cette lumière brillante et étincelée, vus du fond du gouffre, plongé lui-même dans une ombre froide et mélancolique, réfléchis par les flancs humides de ses parois, produisent un singulier effet.

Le Planey (1,147ᵐ), village qui succède au Villard, ne présente pas d'intérêt; il est pauvre et triste, entouré seulement de quelques champs d'avoine, de seigle et d'orge. Deux heures de marche au travers d'une forêt peu nourrie ramènent des champs bien cultivés, une vallée plus large, deux hameaux habités durant quelques mois de l'année. Après, vient un pont rustique 1,368^m, flanqué d'un moulin et d'une scierie, puis, enfin, le délicieux vallon de Pralognan où l'œil aime à se reposer. Bien vert, bien boisé, sillonné par des eaux limpides, orné de constructions en bois, gracieusement disséminées, et de bouquets d'ormeaux aux branches pendantes jusqu'au gazon, ce vallon, digne du chant des poètes et d'un pinceau de maître, est, à mon avis, le nid le plus gracieux et le plus pittoresque. Tout y respire calme et bonheur, et l'âme la moins sensible s'y surprend à rêver des idylles.

Le village de Pralognan 1,431^m, au pied des montagnes d'Eynan et du Grand-Marchais, se développe en une longue ligne sur la berge inférieure des champs cultivés, baignant ses pieds dans la rive droite du torrent. Derrière le village, une gorge étroite et sombre, s'élève rapide, donnant accès au chemin de la Vanoise. Des maisons rustiques avec leurs galeries échelonnées, leurs façades pointues, des rochers et des mélèzes admirablement groupés, et la route tortueuse qui gravit la gorge, complètent ce charmant tableau. Tôt ou tard, lorsque la Tarentaise sera mieux connue et que les thermes de Brides, de Salins et de Bonneval auront pris le développement que leur puissance curative leur assure, Pralognan ne peut manquer de se peupler d'hôtels, et plus d'un touriste y viendra demander le repos et la fraîcheur qu'il va chercher maintenant en Suisse.

La jeunesse de Pralognan émigre vers le centre
et le nord de la France, où elle se transforme en marchands colporteurs, en commissionnaires, en domestiques, en hommes de confiance, etc. Aussi, n'est-il
pas rare de rencontrer dans ces montagnes cette pureté de prononciation, cette ouverture de l'intelligence et cette civilisation des formes, qui frappent
en général chez l'habitant de la Tarentaise.

Pralognan compte une population de 938 habitants. Son territoire est vaste; elle possède de belles
montagnes à gruyère touchant aux glaciers; de magnifiques forêts, des marbres roses, verts, blancs et
noirs.

Deux chemins conduisent en Maurienne depuis
Pralognan : celui de la Vanoise et celui de Chavière.
Le premier est le plus pittoresque ; il s'ouvre dans
la vaste échancrure qu'on voit au-dessus du village
entre les montagnes de l'ouest. En quelques minutes
on a dépassé le hameau des Barges ; puis, vient la
Fontanette, petit hameau au-dessous duquel le torrent
coule tout blanc d'écume entre les sapins. Au delà
des cabanes de la Glière, le paysage devient presque
sinistre ; de vastes pâturages, semés de pierres et
dominés par des escarpements hérissés, s'étendent
de tous cotés ; de profondes ravines, où s'affaissent
les roches en décomposition, descendent de la base
des glaciers d'Arselin. En face, le Morion, premier
contrefort de la Vanoise, avec sa tête arrondie
comme un casque. Après une heure de montée, on

atteint le col (2,562^m), au-dessus duquel se dresse l'énorme roche à pic de l'aiguille de la Vanoise (3,865^m). Elle ressemble à un volcan égueulé, épanchant au lieu de lave, une immense coulée de neige. Ce col est redouté pour la soudaineté et la violence des tempêtes qui s'y forment. Quand on est arrivé sur le rebord du plateau, appelé aussi Plaine des Lacs, on voit à ses pieds la gorge profonde où viennent se réunir la Laisse et le Doron. A gauche n'apparaissent que de hautes montagnes pyramidales, se dirigeant au N.-E. vers le col de la Laisse (2,800 ^{m}), dominé par l'aiguille de la Grande-Molle. De là un sentier conduit à Tignes, en touchant au lac. Des avalanches descendent souvent de leur cime, et presque toujours le torrent, qui coule à leur pied, reste invisible sous les débris. En face, s'étendent les pâturages qui s'élèvent vers l'entrée de la gorge de La Rochère; à droite, la vallée semble fermée par les hauteurs du Plan-du-Loup. Du reste, pas un arbre ne se montre dans aucune direction; le dernier sapin sur la route a été laissé à la hauteur de 2,000 mètres.

La descente connue sous le nom de la Voûte du Clapier blanc est très raide en certains endroits; le sentier, taillé dans le roc, s'appuie sur les restes d'un mur de soutènement; des blocs de marbre blanc et rose sont épars çà et là sur les pentes. A gauche, le torrent, caché par un promontoire de rochers, forme de belles cascades. Bientôt on atteint les châ-

lets d'Entre-deux-eaux (2,161ᵐ). Les montagnes
voisines renferment des mines d'argent et de cuivre
gris. Au delà d'Entre-deux-eaux, on descend au fond
d'un vallon parcouru par le torrent de la Rochère,
descendant des glaciers de Méan-Martin. Puis, vient
un étroit défilé; on gravit, à travers des pâturages,
une grande croupe couronnée, à gauche, par une
haute muraille rocheuse, bizarrement hérissée de
pointes et d'aiguilles. On traverse ensuite plusieurs
cols, et on arrive au Plan-du-Loup, Plan-de-l'Eau,
ou Plan des-Laux (lacs) sur le bord d'un petit lac;
on touche enfin à l'extrémité du plateau. Le chemin
de la Vanoise débouche à Termignon (1,296ᵐ), sur
la route impériale qui va passer à Lanslebourg
(1,491ᵐ), et traverser le col du Mont-Cenis, dont
l'hospice est à 1,940 mètres.

Le second chemin, celui de Chavière, est peu accidenté; il se traîne dans une longue vallée donnant
accès à de vastes pâturages, et bordée, sur la sommité des montagnes, par d'imposants glaciers. Le col
de Chavières (2,822ᵐ) touche au glacier de ce nom.
Saint-André (1,104ᵐ) est le premier village de Maurienne que l'on rencontre sur le revers de la montagne; le chemin se relie à la route impériale du
Mont-Cenis à Modane (1,078ᵐ).

Pour rentrer à Moûtiers, sans revenir par la vallée déjà parcourue, on peut suivre le chemin de
Chavière; puis, arrivé aux châlets du Priou, tourner
brusquement à droite, et, s'élevant par une pente

rapide à travers des cailloux roulants jusqu'au col du Goley, rentrer par Saint-Bon dans la vallée de Bozel.

C'est au Goley que, pour la première fois, il m'a été donné, à moi Savoyard, de voir des marmottes non empaillées. Mon guide, habile chasseur, me fit observer les entrées de leurs gîtes souterrains, et nous ne tardâmes pas à entendre le sifflet aigu de leurs vedettes. Au cri d'alarme, chaque marmotte quitte la pâture pour rentrer dans son terrier aussi hâtivement que le lui permet son corps gras et lourd.

Les marmottes aiment le repos, le calme et le confortable. Guidées par cet instinct, elles habitent les arêtes les plus élevées des Alpes, où l'homme ne peut que difficilement les atteindre, et choisissent les pentes les mieux exposées au soleil. De là aussi, les vedettes que chacun de leurs troupeaux place sur les rochers, pour donner le signal du danger; ainsi encore, sont-elles habiles à se ménager pour l'hiver, qu'elles passent dans l'engourdissement, un bon lit de mousse sèche et une provision d'herbe pour les premiers besoins du printemps.

Trois entrées donnent accès aux terriers, où elles se rassemblent en nombre de 3 à 12. Ces animaux prévoyants aiment à se ménager des sorties secrètes pour échapper aux attaques imprévues. Leurs galeries d'accès ont souvent plusieurs mètres de longueur; l'entrée en est soigneusement fermée par des bouchons de paille ou d'herbes sèches, revêtus extérieurement de terre battue, et toutes les précautions

sont prises par les paisibles possesseurs de ces tranquilles demeures, pour que rien ne trahisse aux yeux
du chasseur l'entrée de leur retraite.

Les crêtes de rochers qui s'élèvent au-dessus des
gras pâturages de Tignes, de Champagny, de Pralognan et de Saint-Bon, sont le séjour des chamois.
Souvent ils viennent se mêler aux troupeaux de
chèvres pâturant sur les hauteurs; et c'est quelquefois par groupes de 25 à 30 qu'on les voit courir sur
les pics que la Providence leur donne pour domaine.

Depuis le Goley, la vue s'allonge sur les crêtes de
cette longue suite de montagnes secondaires qui,
partant du pied des grandes Alpes, vont former la
vallée de l'Isère, les vallées latérales qui y débouchent, ainsi que les bassins de Faverges et d'Annecy.

Saint-Bon possède des forêts de belle venue, des
exploitations de plâtre et de chaux, des carrières d'ardoises, des filons d'anthracite, de vastes
montagnes à gruyère; celle de Pralong est la plus
jolie. Des cultures riches et variées s'étendent sur
les pentes inclinées vers le bassin de Bozel.

La population de cette commune émigre volontiers. Actifs et intelligents, les Saint-Bonais réussis-
sent à l'étranger, et reviennent pour la plupart se
reposer dans le pays natal. Plusieurs sont la preuve
de ce que le Savoyard sait réaliser avec son éner-
gique volonté, son travail soutenu, son esprit de
suite, son jugement droit et sûr, sa probité native,

chaque fois que les circonstances ne lui sont pas
tout à fait contraires.

Les divers villages de Saint-Bon, le chef-lieu surtout (1,100ᵐ), sont propres et bien tenus. On voit,
en les parcourant, que leurs habitants se sont frottés
au contact soutenu de la civilisation des grands centres. Le paysage d'ensemble sur Bozel et Champagny
y est remarquable, et les études de détail y abondent.
Ainsi, le hameau de Mont-Charvet et celui de la
Jeraz; ainsi, le vallon de la Rosière, serpentant entre
des rochers à pic, entouré de bois et arrosé par
des eaux limpides, qu'y déverse une cascade noyée
dans les arbres; ainsi, des moulins jetés au travers
du torrent, des ponts rustiques au-dessous desquels
se précipitent des eaux brisées contre les rochers;
ainsi, enfin, le lac du Praz, reposant calme au pied
de la forêt, dont il reflète les ombres grandioses. Un
moulin et le village voisin l'animent; des bouquets
de bois, des prairies mêlées aux champs de seigle et
d'orge, forment son gracieux entourage; et, dans le
fond, les montagnes de Champagny, de Bozel et de
Pralognan ferment l'horizon.

Un charmant sentier, alternativement bordé de
prairies, de bouquets de bois, d'artifices pittoresques
sur le torrent écumeux, descend directement de
Saint-Bon à Bozel.

Bozel occupe le fond du bassin; c'est un chef-lieu
de canton, comptant 1,422 habitants et plusieurs
grands villages. Le chef-lieu (872ᵐ), assez bien cons-

truit d'ailleurs, n'a d'intéressant que sa belle position,
la jolie vue dont on y jouit sur le territoire de Saint-
Bon, et une chapelle dédiée à la Vierge, remarquable par de bonnes peintures du milieu du 18ᵐᵉ siècle. L'aspect de ce bassin est des plus gracieux ;
malheureusement, l'air, dans ce bas-fond, se renouvelle mal, et cet air vicié, uni aux eaux potables chargées de sulfate de chaux, semble y être la cause des
goitres et du crétinisme, qui y sont endémiques.
Cependant, il faut le dire, les goitres et le crétinisme
ont subi un temps d'arrêt depuis que la municipalité
de Bozel alimente ses fontaines avec de bonnes eaux
tirées du territoire de Saint-Bon.

C'est dans les montagnes au-dessus de Bozel qu'un
vieux manuscrit latin, conservé dans les archives de
la maison Villard-Reymond, d'Aime, fait arriver
dans les toutes premières années du 3ᵐᵉ siècle une
émigration de 400 chrétiens de Lyon. Ils fuyaient
la persécution de Septime-Sévère; Sempronius,
gouverneur de Lyon les conduisait. Ce manuscrit
est censé la copie d'une lettre écrite par Sempronius
lui-même; mais il donne des détails si précis sur la
tradition du passage de l'armée d'Annibal avec ses
éléphants, sur le sel recueilli près de Darantasia,
sur les eaux thermales de Brides, qu'il semble apo-
cryphe et fait à plaisir pour simuler un document
ancien.

De Bozel, on peut retomber sur Moûtiers en suivant tout simplement la route départementale par

le bas de la vallée, après avoir touché le village du
Carai de la commune de Saint-Bon, La Perrière,
Brides et Salins; ou, en s'élevant à mi-mont sur la
rive droite du Doron, traverser les vignes de Bozel,
monter à Montagny, toucher à Fessons-sur-Salins,
et, descendant ensuite rapidement, rejoindre à Melfe
la route départementale; ou bien encore, on peut,
remontant à Saint-Bon et touchant à la partie élevée
de La Perrière (756ᵐ), rejoindre la vallée des
Allues; et de là, par le col de la Lune, ou le pas de
la Dame, tomber sur Saint-Martin-de-Belleville, puis
revenir à Moûtiers, soit par Saint-Laurent-de-la-Côte,
Villarlurin et Salins, soit par Saint-Jean-de-Belleville, Fontaine-le-Puits et Salins. Ces trois promenades doivent être faites, car chacune offre des beautés spéciales.

En suivant le bas, on est mieux noyé dans le nid
de verdure que compose l'ensemble de ce pays; puis,
quelques jolis sujets de croquis se rencontrent sur
le chemin : ainsi, la petite chapelle rurale de La Perrière (823ᵐ), les scieries du Carai, la vue du bassin
de Brides et de son établissement thermal (570ᵐ), les
moulins situés en amont de la source, le pont des
Charmes et l'île des Fraises

Au contraire, en côtoyant les hauteurs de La Perrière, l'ensemble des vallées de Bozel et de Brides se
jugent mieux. D'abord, les vastes vignobles de Bozel
et de la Saulce se développent sur la rive droite du
Doron. Au-dessus s'allongent les champs cultivés de

Montagny (1,055^m), dominés par des forêts de sapins et par quelques rochers, au-dessus desquels
s'élèvent de vastes pâturages s'étendant jusqu'à la
sommité du Mont-Jovet (2,552^m); après, vient le sévère ravin de la Tuffière et des Colombes qui, des
hauteurs du hameau de la Thuile, ouvre la montagne par une profonde échancrure; puis, de vastes
communaux, jadis boisés, où la dent des troupeaux
a détruit la forêt, et dont la nudité, grâce aux soins
intelligents de l'administration forestière, ne tardera
pas à reprendre son premier vêtement de verdure;
enfin, au-dessous du territoire de Fessons, des vignes dans le bas jusqu'au promontoire de Melfe, dont
l'extrémité est le point de jonction des trois vallées,
et sur le sommet duquel s'élèvent encore quelques
ruines de l'ancien château protecteur de la ville de
Salins couchée à ses pieds. Au-dessus de Melfe, des
bois-taillis et des rochers, que gravit le chemin de
Fessons; et par dessus, les champs cultivés de cette
commune, dominés par de jolies forêts coupées de
pâturages.

Toute cette vallée compte des filons épars d'anthracite, de belles carrières de pierre à plâtre, des ar-
doisières et de gras pâturages. Sur les sommités, les
pointes du Mont-Jovet et de la Forclaz méritent une
excursion; car, la vue dont on y jouit est splendide.
Elle s'étend sur le colosse des Alpes grecques et pennines, sur le Mont-Blanc, sur les arêtes du Petit et
du Grand-Saint-Bernard, sur le Mont-Cervin, sur le

Mont-Rose, qui domine les Alpes réthiennes; sur les immenses glaciers de Tignes et sur la masse gigantesque du Mont-Iseran; sur toute l'étendue des glaciers de la Vanoise, de l'Arpon, de l'Argentière et de Gebrulaz, qui séparent la haute Tarentaise de la Maurienne; enfin, sur une partie des glaciers qui séparent la Maurienne du Dauphiné.

Les communes du canton de Bozel, si l'on en excepte Champagny et les Allues, sont toutes plus ou moins infestées de quelques cas de crétinisme et de goîtres nombreux. Un fait bizarre du crétinisme, est sa persistance dans les familles, sans toutefois en affecter tous les membres. Ainsi, par exemple, souvent il arrive que dans une même famille on rencontre des membres d'une intelligence exceptionnelle, et, à côté d'eux, d'autres membres tombés au plus bas étage de l'idiotisme. Quelquefois aussi, le crétinisme saute une ou deux générations; quelquefois, il fait irruption dans des familles nouvellement implantées dans la localité. D'autres fois, plus ou moins développé chez les sujets dont il s'empare, il montre dans le même village, et souvent dans une même famille, des crétins complets, masses de chair informe, ni homme ni brute, qui digèrent, grognent, pleurent et dorment, incapables de se servir; des demi crétins, des quart de crétins, des sujets ne présentant du crétinisme que des caractères éloignés ou indirects, tels qu'un demi idiotisme, le mutisme, la surdité, un goître prononcé, des membres grêles, difformes ou pendants, le corps fortement incliné et abouché, les traits du visage contractés.

Malgré la plaie du crétinisme, la population du canton de Bozel, comme celle du reste de l'arrondissement, est généralement intelligente, sobre, âpre au travail, avec l'instinct natif du commerce, et d'une prudence qui touche à la défiance.

Quant au crétinisme, en attendant que la science ait trouvé le moyen de le combattre radicalement, on pourrait toujours au moins en amoindrir les effets par l'emploi des mesures hygiéniques qui tendent à purifier l'air ambiant, ainsi que les eaux potables; les eaux, en y atténuant l'effet du sulfate de chaux qu'elles tiennent en dissolution; l'air, en lui rendant sa pureté par l'élagage des noyers qui couvrent les habitations, par l'élargissement des fenêtres et l'isolement des maisons habitées, par plus de propreté dans les habitations et au dehors; des soins hygiéniques, une nourriture plus saine, plus fortifiante, seraient aussi des moyens puissants pour combattre le crétinisme. Heureusement, ces principes commencent à pénétrer dans les masses, et déjà les améliorations obtenues sous ces divers rapports par une administration dévouée ont donné depuis quelque temps d'utiles résultats.

Fessons-sur-Salins doit faire le but d'une promenade; car, ces deux villages (1,280^m) sont pittoresquement posés, et tout près; les bois qui les dominent forment de charmantes clairières, vrais salons

de verdure; puis, la vue y est large sur le vallon
des Allues. Le site du Rocher-du-Diable ou de la
Croix de Fessons (1,402ᵐ), d'où l'œil plonge sur le
bassin de Moûtiers et sur les vallées adjacentes, au
travers de ravins perpendiculaires, coupés de bois
et de rochers déchiquetés, est des plus remarquables.

La conduite artificielle des eaux potables et d'ir-
rigation, puisées à des sources éloignées, dans les
sommités des pâturages, mérite une attention particulière; car, elle montre de quels efforts sont ca-
pables les pauvres habitants de nos montagnes aux
prises avec la nécessité.

La vallée des Allues est une des plus riches par
l'étendue de son territoire, par la fertilité de son sol,
par l'intelligence de ses habitants ; et cependant, par
un phénomène bizarre, la population y décroît rapidement. Les habitants forts et intelligents émigrent
trop ; les bras y manquent à la culture, et les champs,
trop vastes pour le nombre des cultivateurs, n'y
donnent que de maigres récoltes. Espérons qu'avec
les sages enseignements du comice agricole, les prairies remplaceront peu à peu les céréales, et que l'on
s'adonnera à la production de la viande, vendue si
chèrement à la plaine. Cette production, bien préfé-
rable à la culture ruineuse de pauvres céréales, dont
le produit est nul, fera comprendre que l'extension
des prairies a le triple avantage de diminuer la main-
d'œuvre en la proportionnant aux bras dont on dis-

pose; d'augmenter le bétail, source de grandes richesses pour la Tarentaise; d'accroître la masse des engrais, dont on manque, et de faire élever, dans la même proportion, les produits améliorés des champs et des vignes sans accroissement de travail.

L'ensemble de cette vallée des Allues est gracieux et riant; le chef-lieu (1,108ᵐ) en occupe le centre; de belles forêts, de riches pâturages, des filons d'anthracite, de plomb argentifère et de zinc sulfuré, des champs faciles à fertiliser, en font la richesse. C'est un grand berceau semé de villages bien bâtis, au milieu de champs cultivés qui se rattachent à la zône des forêts, et, par celles-ci, touchent aux pâturages que termine le glacier des Bruyères. Un torrent s'échappe du glacier et parcourt le bas de la vallée dans toute son étendue.

Brides, à cheval sur la route départementale de Moûtiers à Pralognan, est au débouché de la vallée des Allues. Cette petite commune de 170 habitants a remplacé la commune de la Saulce. La fréquentation de ses eaux thermales (*) a déterminé la création de cette commune et son érection en paroisse.

Tout, dans le charmant bassin de Brides, est fait pour captiver le baigneur, qui aime à se reposer des agitations des villes dans le calme de la nature.

_____

(*) Ces eaux sont à **33** degrés, ferrugineuses, magnésiennes, légèrement sulfureuses et arsenitées, chargées, en outre, de sulfate et de carbonate de chaux, de chlorure de sodium, de carbonate de protoxide de fer, de silice, de phosphate et d'iode.

De gracieux vergers heureusement accidentés; les bois de Champion et de Cythère, où la main de l'homme n'a qu'à ouvrir des sentiers, tout indiqués par la nature elle-même, pour y créer des parcs délicieux; de belles eaux torrentueuses; des cascades noyées dans des fouillis de hêtres et de sapins; le village des Bains (756ᵐ), couché sur un plateau étroit, mais bien vert, bien ombragé, égayé par de blanches maisons, par des eaux magnifiques: telle est en raccourci la situation de Brides-les-Bains.

Au centre du bassin, s'élève l'établissement thermal, construction élégante dans sa simplicité; il offre aux baigneurs les agréments d'un casino et le confortable d'un hôtel. Une esplanade longeant le Doron conduit à la source depuis l'établissement, et c'est là que chaque matin buveurs et buveuses viennent par une promenade matinale aider à l'action des eaux.

La boisson, les bains, le calme de la nature, l'air pur et vivifiant des glaciers qu'y pousse la brise, sont des remèdes efficaces; et il n'est pas de malade qui ne parte soulagé lorsque les obstructions du foie, de l'estomac et des intestins sont la cause première de ses maux (*).

(*) Une brochure sur les eaux de Brides, publiée à Villefranche, en 1685, par le Rd Père Bernard, Religieux de l'ordre de saint François, rappelle l'efficacité de ces eaux prises en bains et en boisson; mais surtout elle constate l'ancienneté de la source employée comme moyen curatif. Le Père Bernard dit que, déjà du temps des Romains, cette source était connue, puisqu'en 1370, Mgr de Parpaille, archevêque de Tarentaise, étant mort de la

peste en sa maison de campagne, située au village des
Bains (nom donné à ce hameau de toute antiquité), les
eaux cessèrent d'êtres fréquentées, que même petit à
à petit les réservoirs furent ensablés, et que la source disparut presque complètement en 1653, par suite d'une
crue du torrent; que, quelques années après, la source
ayant reparu de nouveau, le sieur Dominique Varat, aidé
et protégé par Monseigneur de Tarentaise François-Amé-
dée Milliet de Challes, ancien sénateur en 1662, président
de la Chambre des comptes en 1675, et gouverneur de
Savoie en 1680, organisa un petit établissement, où des
cures nombreuses s'effectuaient chaque année.

Cet établissement fut, à ce qu'il paraît, détruit par un
éboulement de terres et de blocs, qui changea le lit du
torrent. Une crue du Doron, en 1818, découvrit de nouveau la source, dont le souvenir vivait par la tradition.

A l'appui de l'antiquité de la source de Brides, il con-
vient de signaler une médaille trouvée dans les vignes,
non loin de la source, en 1817; elle était en or, et por-
tait, d'un côté, l'effigie de l'impératrice *Faustine*, et, de
l'autre, Esculape avec son urne sous le bras. Achetée par
M. Berard, cette médaille passa aux mains de M. de Bros-
sard, employé aux salines, puis aux mains de M. Dupré,
administrateur des salines de l'est. Elle fut donnée par
ce dernier au musée des médailles à Paris, et paraît
avoir disparu, il y a plusieurs années, dans un vol important fait à ce musée.

VI.

SOMMAIRE.

Saint-Martin-de-Belleville; sa population; son sanctuaire
de Notre-Dame de la Vie; ses carrières d'anthracite.—
La vallée des Encombres.—La vallée des Belleville.—
Saint-Jean-de-Belleville; vestiges gallo-romains.—
Saint-Laurent-de-la-Côte et Villarlurin; leurs mines
d'anthracite, de gypse et de marbre.—Salins; son histoire; sa source thermale.

De Brides, la route neuve départementale suit,
par une pente douce, l'inclinaison de la vallée;
puis, tombe à Salins, et de là à Moûtiers, que 6
kilomètres à peine séparent de Brides.

Mais, au lieu de revenir directement à Moûtiers,
remontons aux Allues; traversons son gracieux berceau, et rejoignons Saint-Martin-de-Belleville par le
col de la Lune ou par le Pas-de-la-Dame. C'est par
cette voie que les habitants de Saint-Martin viennent
chercher aux Allues et à Brides leur bois et leur
vin.

Saint-Martin-de-Belleville possède un vaste territoire, riche en pâturages. Elle compte 1736 habitants, groupés dans de nombreux villages construits en moëllons, et différant ainsi d'aspect de tous les autres villages de la Tarentaise. Son sanctuaire de Notre-Dame de la Vie (1,521^m) attire les pèlerins en foule aux fêtes de la Vierge, et les *ex voto* apendus aux murailles enseignent hautement la foi robuste des fidèles qui, chaque année, viennent y prier. Des restes d'anciennes maçonneries, conservées derrière l'autel, rappellent la légende de la statue miraculeuse dans le buisson de sureau qui l'abrita longtemps. Des cultures de seigle, d'orge, d'avoine; de magnifiques gisements d'anthracite, dont les transports trop coûteux ont jusqu'à ce jour empêché l'exploitation; l'élevage des bestiaux, la fabrication des fromages, font sa richesse. Ses habitants, d'un sang remarquable et d'une intelligence exceptionnelle, émigrent volontiers. Orléans, Paris, Lyon sont leurs points d'attraction.

Actuellement dépourvue de bois, Saint-Martin en possédait anciennement, ainsi que l'attestent de puissants troncs de mélèze reposant au fond du lac situé sur le plateau supérieur aux villages. Mais des tentatives de reboisement y sont à l'essai.

Cette commune se bifurque en deux vallées : l'une, large, à pentes douces, s'élevant par des pâturages semés de châlets jusqu'aux sommités des montagnes; l'autre, très resserrée, prend sa direction vers les cols du Ferlet et des Encombres ($2,357^m$) pour tomber à Saint-Michel, dans la vallée de l'Arc. C'est dans la vallée des Encombres que les géologues se reposent un instant pour détacher quelques fragments d'une roche pétrie de fossiles ($1,765^m$). Tombée, sans doute, des sommités qui la dominent, cette roche gît, isolée, dans le fond du vallon. Le grand Perron, ou pic des Encombres, commande le col; il faut en faire l'ascension, pour jouir à son sommet d'un des panoramas les plus étendus et les plus imposants des Alpes.

Saint-Martin respire l'aisance, et l'ensemble de son territoire réunit le grandiose au gracieux, bien que les études de détail y soient rares pour les peintres.

La vallée des Belleville, que termine Saint-Martin, descend sur Moûtiers. Au fond, dans un lit étroit, coule le Merlerel; sur le versant de la rive gauche, se déroulent les communes de Saint-Jean-de-Belleville et de Fontaine-le-Puits; sur le versant de la rive droite, s'étendent Saint-Laurent-de-la-Côte et Villarlurin.

La première de ces communes réunit une population de 1012 habitants; elle présente un ensemble gracieux et, en outre, quelques sites des plus alpestres, pittoresquement embellis par des rochers bien découpés, par des villages bien situés et de jolies cultures. Non loin du hameau de Villarly et de la chapelle de Notre-Dame des Grâces ($1,126^m$), existent des vestiges d'une station gallo-romaine. De nombreuses tombes y reposent; quelques-unes ont été déjà fouillées; elles ont livré des bracelets en bronze, des épingles de formes variées, des anneaux, des grains d'ambre, des dents de chevaux, des fragments de poteries, des charbons, des ossements, entre autres, une tête, type remarquable de la race celtique (*).

Dans la même commune, au mas du Peissay, diton, un cercle de blocs fixés en terre, et au centre duquel figurait un cube carré, entouré à son pied de tisons éteints, fut, il y a quelques années, signalé par un paysan de la localité. Bien que moins vaste que celui du Petit-Saint-Bernard, la présence de ce monument druidique, non loin d'un cimetière galloromain, n'en atteste pas moins une importante station.

De vastes pâturages et des forêts dépendent de Saint-Jean; mais les villages y sont loin d'offrir cet aspect d'aisance et de propreté que l'on remarque à Saint-Martin. L'agriculture y est plus en retard; les habitants sont moins riches; le bétail est moins bien

(*) Elle a été reconnue par M. Prunerbey, de Paris, dont l'opinion fait loi dans le monde savant, pour appartenir à un sujet issu du mariage d'une Celte et d'un Ligure; car, elle représente à un point remarquable le type de ces deux races.

Un rapport intéressant sur ce cimetière a été adressé à la Société des Antiquaires de France par M. Alphonse Despine, membre de cette société savante. Il a paru dans les annales de la Société dans le courant de 1865.

tenu (*). Les autres communes ne forment entre elles
trois qu'une population inférieure à 880 habitants.
Elles n'ont rien de très intéressant; toutefois, Fontaine-le-Puits (1,023ᵐ) montre de belles forêts, où
abondent les coqs de bruyère. Quant à Saint-Laurent-de-la-Côte (1,047ᵐ) et à Villarlurin (654ᵐ), elles
possèdent de jolies forêts, des filons d'anthracite,
des gypses blancs et rouges très estimés, une carrière
de marbre rouge veiné de blanc.

Nous voici à Salins, pauvre petite commune. Son
chef-lieu (475ᵐ), bâti au pied d'un rocher calcaire,
Melfe, dont l'étymologie arabe, *eau salée*, rappelle
la présence et l'occupation des Sarrasins dans ces
contrées, est de l'aspect le plus triste. L'eau thermale qui sourde tout auprès alimente les salines de
Moûtiers, ainsi qu'un établissement de bains.

Le village de Salins occupe la place d'une ancienne
ville détruite depuis quatre siècles. M. Roche, dans
ses *Notes sur les Centrons*, croit même y reconnaître
l'emplacement de Darentasia, que d'autres croient
avoir existé plus près de Moûtiers. Comme partout,
à l'époque du moyen âge, la population agglomérée
s'était blottie au pied du château protecteur, et, bien
longtemps après que les archevêques eurent fixé leur
résidence à Moûtiers comme centre religieux, Salins
resta le centre civil de la province. Un châtelain du

(*) Signalons en passant que Jean de Belleville, cuisi-
nier du comte Vert, inventeur du gâteau de Savoie, naquit dans cette commune, vers le milieu du 14ᵐᵉ siècle.

prince, relevant du bailli de Savoie, y rendait la justice. Une imprimerie paraît y avoir existé sous la
direction de maître Maurice Mermillon ; et il n'y a
que quelques années qu'un antiquaire de Moûtiers
possédait un livre sorti de cette imprimerie, qui
fonctionnait avec des caractères en bois. Ce précieux document a malheureusement disparu.

Sauf les souvenirs de son histoire des temps passés,
sa source thermale, quelques vestiges de constructions romanes, seuls témoins sans doute de l'ancienne
cité, Salins n'a rien qui puisse intéresser. Elle possède cependant des exploitations de chaux et de
plâtre, et, non loin du village, sur la rive gauche du
Doron, une roche veinée de quartz et entremêlée
de beaux cristaux de feldspath, donne un filon de
titane oxydé jaune, pur et cristallisé. Sa population
est la plus belle et la plus saine du bassin de Moûtiers ; rachitisme et goîtres en sont bannis, bien
qu'aux alentours leur influence soit partout plus ou
moins sensible. Ce phénomène veut-il être expliqué
par l'usage habituel de l'eau salée dans la fabrication
du pain et des autres aliments, ou bien par la pureté de l'air que chasse et renouvelle un courant périodique et journalier ? Peut-être est-ce par ces deux
causes réunies.

La source salée de Darentasia fournissait aux Centrons et aux Salasses le sel dont ils avaient besoin ;
c'est du moins l'opinion exprimée par M. Roche

dans ses *Notices historiques sur les Centrons*, imprimées à Moûtiers en 1819.

« Je me persuade, dit-il, sur l'autorité de Polybe,
que ce fut là la place qu'Annibal fut obligé d'assiéger
et de prendre pour pouvoir continuer sa marche.
Si, l'an 534 de Rome, cet endroit était déjà fortifié,
Salins a dû exister dans des temps très reculés. Deux
généraux romains, Veterus et Messala-Corvinus,
n'ont pu soumettre les Centrons et les Salasses qu'en
les privant du sel qu'ils tiraient de ce pays. C'est,
par conséquent, en s'emparant de Salins, qu'ils ont
pu y parvenir; car on ne tirait pas du sel d'ailleurs.

« C'est à Salins, ajoute le même auteur, que Ay-
meric, en 1082, organisa les tribunaux et les diverses
administrations de sa nouvelle province. Un éboulement de la côte occidentale, dans le courant du 14me
siècle (ou plutôt dans les premières années du 15me),
paraît avoir détruit la ville. »

J'ai dit que la source salée paraît avoir été utilisée
par les Centrons et leurs voisins les Salasses; on
ignore par quel moyen ils fabriquaient le sel. Plus
tard, les eaux furent conduites jusque dans la plaine
d'Albertville, sous Conflans, où elles achevaient de
se vaporiser dans de vastes bassins; puis, au 17mo
siècle, la saline fut de nouveau rétablie près de Moûtiers, au confluent de l'Isère et du Doron. Des notes
imprimées en 1686 disent que le prince en retirait
un revenu considérable. En 1730, la saline actuelle
fut élevée sous la direction du baron Buet, gentil-

homme saxon. Jusqu'en 1787, ses produits étaient de 5000 quintaux métriques; de 1787 à 1792, ils montèrent à 6000 quintaux métriques, baissèrent à 4344 pendant l'occupation française, sous l'action de l'industrie privée, qui en avait le bénéfice; puis, dès lors, se relevèrent à 8000, pour redescendre plus tard à 7000, chiffre en rapport avec la consommation du sel blanc en Savoie. Depuis l'annexion, la fabrication du sel a encore diminué; elle n'excède pas 5000 quintaux en 1865.

Ces fluctuations ont naturellement subi l'influence de la suppression du monopole de la vente des sels, et de l'introduction plus ou moins facile des sels marins. Outre le sel, il se fabrique, aux salines, de 300 à 400 quintaux métriques de sulfate de soude de belle qualité.

L'exploitation de la source de Salins est trop dispendieuse pour donner des sels avantageux; il faudrait l'emploi de procédés plus économiques, et l'utilisation de toutes les eaux, dont plus du tiers se perd maintenant. Mais, si cette source ne peut plus donner du sel économique, ses vertus curatives au moins doivent être utilisées, et c'est à quoi tendent les efforts de quelques hommes intelligents. Les éléments quelle contient en dissolution : le fer, l'iode, le sel, la magnésie, le sulfate de chaux, le carbonate de chaux, l'hydrochlorate de soude, le gaz acide carbonique, joints à sa thermalité de 37 degrés, en font une eau exceptionnelle pour fortifier les enfants fai-

bles et délicats, et pour réformer les constitutions
lymphatiques; et quant aux maladies provenant de
l'apauvrissement du sang, plaies anciennes, douleurs
rhumatismales, musculaires et articulaires chroniques, paralysies des centres nerveux, affections cu-
tanées, ulcérations chroniques, atonies de l'appareil
générateur de la femme, elles cèdent promptement à
leur action régénératrice. L'établissement actuel de
M. Roche a rendu et continue à rendre de vrais services à l'humanité; mais il ne répond plus aux exi-
gences du moment, ni au mérite toujours mieux
constaté des eaux. L'intérêt du pays, aussi bien que
celui de la santé publique, appelle la prompte réalisation d'un projet rêvé depuis longtemps, projet qui,
sous un gouvernement aussi promoteur de toute
bonne chose, de toutes institutions utiles que l'est
celui de Napoléon III, ne peut manquer de prendre
corps.

VII.

———

La commune de Hautecour, dont je n'ai rien dit encore, fait partie du bassin de Moûtiers. Elle a son *facies* à part, au moral comme au physique. Le Hautecourtain, fidèle aux traditions des ancêtres, aime le *statu quo;* le progrès qui ne se révèle pas par de l'argent sonnant, le tente peu ; et cependant, il aime le travail des champs et s'y livre tout entier.

Elevé au-dessus de Moûtiers, couché sur des rochers, que d'autres rochers dominent encore, et dont les pieds reposent sur de beaux vignobles, le

territoire de Hautecour, composé de plateaux su-
perposés,est un parc charmant tracé par la main de
la nature, peuplé de délicieux vallons, semé de bouquets de hêtres, accidenté par des roches bizarrement taillées, arrosé sur quelques points par des eaux
limpides, qui coulent au milieu de prairies ombreu-
ses et vont irriguer les terres.

Trois points méritent une mention spéciale : d'a-
bord, les jolis et frais vallons de Hautecour la basse
(872ᵐ); puis, le bassin du chef-lieu (1,074ᵐ); vu depuis la forêt de mélèzes, au pied des rochers qui
l'abritent du côté du nord, il forme bien certaine-
ment un des plus charmants paysages que puisse
produire un pays de montagnes; enfin, les sommités
rocheuses qui, du Breuil, s'élèvent et conduisent au-
dessus du village de Greny. Ces trois points offrent
chacun ses beautés particulières sans rapports entre
elles, et une journée de touriste consacrée à les visiter est agréablement remplie.

Sur ces hauteurs, où la nature prodigue ses mer-
veilles les plus fraîches, et où le vent du nord règne
en maître, l'air est vif et pur; et cependant, la
population n'est pas jolie, elle n'a pas l'apparence
de cette vigoureuse santé que ce bon air devrait lui
assurer. L'entassement des habitations, serrées les
unes contre les autres, entassement qui empêche
l'infiltration des rayons solaires dans les appartements et même dans quelques ruelles; le peu de
propreté des habitants sur leur personne aussi

bien que dedans et autour de leurs maisons; leur séjour prolongé dans des écuries basses, sans renouvellement d'air, où le fumier reste entassé pendant des mois, n'en sont-ils point la cause?

Intelligent, sous une écorce rugueuse, le paysan de Hautecour est fin et rusé, tenace au travail; il cultive avec courage un sol pénible. Amant de l'indépendance, il porte haut l'amour du clocher, et ses haines particulières ou ses rancunes de famille ne percent que rarement en dehors de la commune; car, il tient avant tout à maintenir l'honneur du pays. Ce sentiment d'honneur du clocher était même tellement profond autrefois, dit la chronique, que le peuple de Hautecour a eu quelquefois rendu des arrêts contre les membres qui pouvaient le déshonorer, et fait exécuter lui-même la sentence. Quelques-uns disent que c'est dans ce droit de haute justice qu'il faut chercher l'origine du nom de Hautecour, *alta curia*.

Les mœurs et les coutumes y ont aussi conservé un cachet à part; ainsi, la femme y vit dans un état d'infériorité marquée vis-à-vis de l'homme, comme aux siècles passés; et il n'est pas rare de rencontrer sur le chemin rapide qui, de Moûtiers, monte aux villages, le mari à califourchon et la femme à pied, un paquet sur la tête, n'ayant pour toute aide que la queue du mulet. Aux jours de gala, ce sont les hommes qui mettent le pot au feu; l'art culinaire est trop noble pour ce meuble mouvant qu'on appelle la femme, qui travaille aux champs, soigne les vaches, et que le Créateur, dans sa bonté, a fait pour le plaisir de l'homme. A elle l'épluchage du légume et les services infimes : la table d'honneur lui est interdite.

L'ancien costume des femmes de Tarentaise, tel qu'il était dans les derniers siècles, se retrouve à Hautecour : jupe de tirtaine grise en laine du pays, garnie de cordons de couleur, gilet flottant à courte-taille, chemise serrée au cou avec collerette de dentelles, bas de laine, gros souliers ferrés, casaque en drap et frontière.

Les couches des rochers et les stries des anciens glaciers, que l'on peut suivre sur les plateaux de Hautecour, offrent aux géologues un intérêt réel. On y trouve aussi de beaux cristaux siliceux, du fer spathique, du cuivre pyriteux, de l'anthracite, de magnifiques forêts et de vastes pâturages. Du point culminant de la montagne, la perspective immense s'allonge sur une ceinture de glaciers et sur les crêtes dentelées qui enserrent la Tarentaise.

Quelques anciens usages s'y conservent : ainsi, le repas aux parents et amis du défunt après l'ensevelissement; ainsi encore, les grandes distributions de pain, de sel et de viande à certaines solennités, distributions qui toujours accompagnent l'ensevelissement d'un chef de famille. La chaudière des morts a sa place dans l'église. Aux jours des grandes aumônes, elle sert à la cuisson des viandes.

On peut, de Hautecour, pousser la promenade,

d'un côté, jusqu'à Montgirod (1,113ᵐ), d'où la vue
s'étend sur le bassin d'Aime; de l'autre, jusqu'au-
dessus de Villargerel, au Plan-des-Ours (1,290ᵐ)
dans le bassin d'Aigueblanche. L'une et l'autre sont
charmantes à travers des bois de sapins, et permet-
tent l'étude précise des vallées adjacentes, qui se déroulent sous nos pieds comme dans une carte.

Le couloir étroit que descend l'Isère et qui, de
Moûtiers, conduit à Aigueblanche, frappe par sa
tristesse, son aspect sauvage et son aridité. En con-
sidérant les parois rapides des deux montagnes qui
le forment, on comprend que les peuples de ces
hautes vallées, les Centrons, ou *Kentrons*, comme le
veut M. l'abbé Pont dans son Mémoire publié à
Moûtiers en 1864, aient eu la pensée d'y écraser
l'armée victorieuse d'Annibal, et qu'ils en eussent
fait la clef de leur territoire, un point important
de défense à la porte de *Darentasia*, leur capitale.
Je ne puis à ce sujet que citer un extrait des *Notes
historiques* de M. J.-J. Roche sur les salines de Moûtiers, sur les anciens Centrons et sur le passage des
Alpes par Annibal.

« On y remarque, dit-il, à l'entrée de la gorge
du côté d'Aigueblanche, deux endroits où l'on a
ouvert le roc pour établir les communications entre
les plateaux, et une masure dont les murs étaient
fort épais. Il en reste deux portions de voûte. On
comprend parfaitement à cette vue que les pierres
suffisaient pour défendre l'entrée du défilé : on voit
encore distinctement les couloirs par où l'on pouvait

7

les faire reculer. Le chemin pour monter à ce poste
escarpé est dans l'intérieur du défilé ; il coupe obli-
quement la côte qui alors dominait la route sur la
rive gauche.

« L'entrée du défilé n'est point un ouvrage de la
nature, mais bien celui de la main de l'homme ; on y
suit distinctement les coups de marteaux, les rigoles
taillées pour l'écoulement des eaux, et une portion
du roc laissé pour servir de parapet.

« Cette route avait 16 pieds de largeur du côté
de la plaine, et elle était beaucoup plus étroite dans
l'intérieur, où un mur à sec, détruit en partie en
1764 et partie en 1778, la soutenait. Depuis là, c'était
un chemin pratiqué dans le terrain, à peu de distance
de la rivière.

« L'Isère coulait à gauche, et le poste important
s'élevait à droite ; c'est au pied de ce roc qu'était pra-
tiquée l'entrée. Le défilé s'étendait sur la distance
de plus de deux milles, depuis l'entrée, au nord-est,
jusqu'à Darentia (le Doron actuel) ; le dessus de la
route était une côte couverte de rocs détachés ; le
tout était dominé par le Seran, dont l'étymologie,
serra (serrure), indique assez et l'étroitesse du passage et son importance.

« Voici maintenant le texte de Polybe aux chap.
50, et 51 ; l'application à la gorge de Seran est frap-
pante :   .

« Tant que l'armée d'Annibal fut dans le pays
plat, les chefs inférieurs des Allobroges s'étaient
tenus éloignés par la crainte de la cavalerie ou des
Barbares qui accompagnaient l'armée ; mais, lorsque
ceux-ci se furent retirés chez eux, et que l'armée
commença à entrer dans les défilés, les chefs des
Allobroges ayant rassemblé un nombre d'hommes
suffisant, occupèrent tous les postes avantageux par
lesquels il fallait absolument qu'Annibal montât.

« S'ils avaient caché leur dessein perfide, ils auraient complètement détruit l'armée carthaginoise, et quoique ce dessein fût alors manifeste, ils lui firent beaucoup de mal : mais ils ne souffrirent pas moins eux-mêmes ; car, dès que le général carthaginois se fût aperçu qu'ils avaient occupé les endroits les plus convenables, il fit halte, et campa à l'entrée des défilés (petite plaine de La Bâthie), et il envoya quelques-uns des Gaulois qui l'accompagnaient, pour découvrir l'intention et le plan des ennemis.

« Les Gaulois s'acquittèrent de leur commission, et rapportèrent que pendant le jour l'ennemi gardait soigneusement les différents postes ; mais qu'à la nuit il se retirait dans une ville voisine, (Darentasia).

« En conséquence de ce rapport, Annibal imagina l'expédient suivant : Après avoir fait quitter à ses troupes leur position, il s'avança ouvertement jusqu'à l'approche du défilé (Aigueblanche), et là, à une petite distance de l'ennemi, il dressa son camp ; à l'entrée de la nuit il fit allumer des feux, laissa immobile la plus grande partie de ses troupes, et avec un corps choisi, s'avança pendant la nuit vers le passage étroit, et s'empara de tous les postes abandonnés par les Barbares. Car, suivant leur coutume, ceux-ci s'étaient retirés dans leur ville.

« Le jour étant venu, et les Barbares voyant ce qui s'était passé, renoncèrent pour le moment à leur entreprise ; mais, observant ensuite la multitude des bêtes de somme, et même la cavalerie cheminant avec peine en une longue file à travers le défilé, ils furent tentés de l'attaquer, se jetèrent sur elle de différents côtés et détruisirent un grand nombre de Carthaginois, de chevaux et de bêtes de somme. ....Annibal observant ce qui se passait, et jugeant bien qu'il n'y aurait point de salut pour ceux qui échapperaient si toutes ses provisions et ses bagages étaient détruits, prit avec lui les troupes qui s'étaient emparées du poste pendant la nuit, et se hâta

d'aller au secours de ceux qui faisaient des efforts
pour avancer dans leur marche.

« Il attaqua les ennemis avec avantage, parce qu'il
descendait sur eux d'un lieu plus élevé ; il en tua un
grand nombre, quoique la perte des siens ne fût pas
moindre, et que le désordre de son armée fût beaucoup augmenté par les cris et les chocs des combat-
tants.

« Après avoir échappé à un si grand danger,
Annibal rassembla autant d'hommes qu'il lui fut
possible, et attaqua la ville, dont les habitants avaient
été attirés au dehors par l'appât du pillage. Il s'en
empara et en tira de très grandes ressources pour
le présent et l'avenir.

« Après avoir campé pendant un jour dans cet
endroit, Annibal continua sa marche, et chemina les
jours suivants avec son armée en sûreté ; mais, le
quatrième jour, il fut exposé de nouveau à de très
grands dangers, au pied du Petit-Saint-Bernard, où
sans doute les Centrons durent faire un dernier effort
pour empêcher l'ennemi de pénétrer chez les Salasses (peuples de la vallée d'Aoste) leurs alliés. »

Au bout de la gorge, se trouve le bassin d'Aigueblanche, vers lequel s'abaissent les vallées latérales
des Avanchers, de Naves et de Bonneval.

Du point culminant de la route impériale, là où
elle débouche sur le bassin d'Aigueblanche, le vaste
panorama des quinze communes et des vallées dont
se compose le bassin est vraiment beau ; mais, pour
mieux en jouir, il faut monter à droite jusqu'au
pied de la croix élevée sur le rocher que contourne
la route.

Dans le bas, Aigueblanche, Le Bois, Bellecombe,
Saint-Oyen, Grand-Cœur, Petit-Cœur, Notre-Dame

de Briançon, Fessons-sous-Briançon; dans le haut, Les Avanchers, Doucy, Villargerel, Naves, Pussy, Bonneval et Celliers; ces dernières n'apparaissent que par les sommités de leurs forêts.

De nombreux villages sont disséminés sur les pentes; quelques clochers élevés sur d'anciennes tours; plusieurs ruines féodales pittoresquement posées, encadrées de beaux noyers; des côteaux couverts de vignes dont les produits, pour certains clos, ne le cèdent en rien aux crus de la Bourgogne; de magnifiques prairies; dans le bas-milieu, l'Isère roulant paisiblement ses eaux écumantes. Au centre le chef-lieu d'Aigueblanche (447ᵐ), à cheval sur l'Isère, avec sa vieille et sombre tour crénelée, noble débris du château des marquis de Saint-Thomas de la Val d'Isère; au-dessus, des champs, des forêts de sapins; et par dessus, les forêts et les pâturages, les arêtes graniteuses du Safranier et des montagnes de la Madelaine; enfin, la continuation de la vallée courant vers Albertville et fuyant entre deux montagnes; quelques bouquets de peupliers; des groupes de noyers; des collines bien découpées; les terrains en éboulement de Doucy; et les forêts plus rapprochées de Le Bois, forment de ce bassin un charmant ensemble qu'attristent seuls les dégâts du torrent Morel et les graviers que dans ses crues il déverse sur le territoire de Bellecombe.

Deux sources abondantes alimentent Aigueblanche: l'eau blanche, qui donne la vie à plusieurs artifices, et l'eau rousse, chargée de dépôts ferrugineux. L'une et l'autre contiennent des sulfates et des carbonates de chaux, et ont, depuis des siècles accumulés, formé ces belles assises de tuf sur lesquelles repose en partie le territoire d'Aigueblanche. Le chemin de grande communication qui, passant par les communes de Bellecombe, Saint-Oyen et Doucy et par le col de la Madelaine 2,024ᵐ, se rattache à La Chambre, en Maurienne, se soude ici à la route impériale.

Outre de jolies promenades à faire dans la vallée des Avanchers et de Doucy, dans celle de Bonneval et de Celliers, pour y admirer : tantôt l'ensemble de la vallée, tantôt de charmants détails de villages bien groupés, tantôt de magnifiques forêts, tantôt des sites où le pittoresque et le gracieux se disputent les impressions du touriste; des torrents écumeux, de belles chutes d'eau, des ponts hardis, des ruines féodales et toutes les beautés de vues qu'on ne retrouve qu'au milieu des Alpes: outre ces promenades, dis-je, le bassin d'Aigueblanche présente un intérêt réel au géologue et au minéralogiste. Ainsi, il possède des filons de cuivre, d'anthracite, de plomb argentifère, des carrières d'ardoises et des carrières de pierres de taille. Parmi les premières, celle de Petit-Cœur est connue du monde savant par ses magnifiques empreintes de fougères et par l'anomalie des terrains tertiaires et secondaires, anormalement alternés.

La population de ce bassin est active, intelligente, laborieuse. Paris en est généralement le centre d'émigration. Parcourons-en rapidement les communes.

Tout près d'Aigueblanche, élevée sur un rocher, se montre l'église de Le Bois (635ᵐ). Elle occupe la place d'un ancien monastère de femmes; sa tour blanche est charmante sur le fond des forêts qui s'élèvent derrière, vers le passage de la Coche. D'autres roches, semées de sapins isolés, l'entourent et ajoutent à la beauté de sa situation. C'est de Le Bois qu'on monte au passage de la Coche, dont le vallon avec son lac et ses châlets sont un joli but de promenade. Plus loin, des massifs de noyers ensevelissent quelques hameaux épars; et le vieux castel des barons de Le Bois se dessine pittoresquement isolé dans le paysage.

Passé les Emptes, village dépendant de Bellecombe, on touche aux Avanchers, grande et belle commune aux villages alpestres, couchée sous de magnifiques bois de sapins. Par ses sommités elle touche à Saint-Jean-de-Belleville où conduit le col du Goley (2,000), et aux crêtes de la Madelaine. Le Bois et les Avanchers occupent le versant rive droite du torrent Morel.

Un pont rustique, jeté sur ce torrent, relie la rive droite à la rive gauche. Sur cette dernière, s'étend le riche territoire de Doucy. Malheureusement, il repose sur une base schisteuse, délitée par les eaux

supérieures et minée à sa base par le torrent Morel,
et ces deux causes destructives amènent des effon-
drements, des éboulements immenses qui entraî-
nent arbres, maisons et champs. En voyant ces profondes crevasses entr'ouvrir ce sol mouvant jusqu'à
la porte du village chef-lieu, qui, déjà plusieurs fois,
a dû se refouler vers l'arête plus solide sur laquelle s'élève l'église, on est saisi d'effroi pour l'a-
venir de la commune. Quelques-unes datent de plus
d'un siècle, d'autres sont plus récentes, d'autres
enfin se forment ou s'agrandissent chaque jour.

On peut, de Doucy, redescendre à Aigueblanche
par Saint-Oyen et Bellecombe, et voir, en passant
dans cette dernière localité, les restes d'une tuilerie
romaine découverte dans sa propriété par M. B.
Tatout. On peut aussi s'élever au-dessus de Doucy
dans ses belles forêts de sapins, puis entrer dans
l'étroite, profonde et pittoresque vallée de Bonneval
et de Celliers, qui, touchant au col de la Madelaine
et aux croupes du Safranier, vient mourir dans la
vallée de l'Isère, à Notre-Dame de Briançon.

Cette vallée de Celliers et de Bonneval, aux pentes
rapides, a un cachet particulier plus en rapport avec
certains paysages de la Suisse; elle présente quelques
sites d'une beauté sévère et pittoresque, mais ne
ressemble en rien aux autres vallées de la Tarentaise. Ses vastes pâturages en font la richesse. Elle
fournit d'excellents petits pois, appréciés des gour-

mets, et connus dans le commerce sous le nom de pois de Celliers.

La vallée de Bonneval rejoint la route impériale et la grande vallée de l'Isère, en y tombant directement sur Notre-Dame de Briançon; mais au lieu de suivre le chemin rapide, mieux est de venir rejoindre Pussy, puis de descendre sur Fessons-sous-Briançon. Ce dernier trajet à mi-mont, au travers de bois de hêtres et de châtaigners, et aussi à travers de terres bien cultivées, une fois arrivé sur le plateau de Pussy, fait une course charmante, d'où l'œil, plongeant sur le cours de l'Isère, la suit depuis Aigueblanche aux plaines d'Albertville (325ᵐ).

La nature géologique du sol change depuis les pentes qu'occupent les communes de Celliers et de Bonneval sur la rive droite de l'eau rousse; aussi l'aspect du pays n'est-il plus le même et les vues de détail, nombreuses et jolies, que l'on rencontre en parcourant le territoire de Pussy, ont-elles plus de rapport avec celles que présente quelques-unes des vallées visitées de la Haute-Savoie.

Un sentier pittoresquement taillé sur la croupe d'une arête de rocher, où il se déroule en lacets rapides et serrés, conduit au village de Fessonnet, et touche à la gracieuse cascade que forme le torrent de Pussy en se précipitant des hauteurs du plateau dans le fond de la vallée par une anfractuosité de la montagne, gracieusement habillée d'arbres et de lianes.

Fessons-sous-Briançon, sur la rive droite de l'I-
sère, située dans la plaine en face de Pussy, n'a
d'intéressant que sa tour en ruine et son riche territoire. En revenant à Moûtiers par la route impériale, nous ne tardons pas à trouver Notre-Dame-de-
Briançon, petite commune de 231 habitants, divisée
en quatre hameaux distants les uns des autres, et
laissant l'église et la mairie isolées sur le bord de
l'Isère. Tout près est un vieux pont pointu, qui, par
une seule arche, réunit les deux rives. Flanqué de
la pauvre église et de quelques cabanes rustiques,
le tout adossé contre des rochers aux coupes verti-
cales, bizarrement découpés en créneaux, en lames,
en pointes, en bastions, son effet est des plus pittoresques. Sur leur sommité apparaissent encore quelques pans ruinés de murailles. Ce sont les restes du
castel des sires de Briançon, connu dans l'histoire
sous le nom de *Castrum Brigantinum*. Les brigan-
dages auxquels ses seigneurs exerçaient leurs loisirs,
paraissent être l'origine de son nom. Ce château, aussi
bien que celui de Fessons, fut détruit une première
fois en 1082 par Humbert II de Savoie, pour purger
la vallée des exactions de ces pillards, qui, dit une
chronique, « occupaient leurs loisirs à détrousser
les passants, pèlerins et marchands, tant par hon-
nêtes moyens, subtiles pratiques, amiables composi-
tions, que par l'emploi de menaces et de forces, le
tout autant pour le sérieux et garnir l'escarcelle que
pour l'amour des dames », et leur faisaient ainsi

chèrement acheter le transit de leurs personnes et de leurs marchandises.

« On y montait, dit M. Roche, par un escalier en pierre de taille, qui existe encore en partie. L'ancienne voie arrivait au pied du fort, et passait sur la rive droite de l'Isère par le moyen d'un pont, dont les deux avenues étaient fortifiées. Celle sous le fort avait des souterrains dont quelques-uns existent encore. C'était le seul passage pour parvenir en Tarentaise. Quelques anciens travaux, qui existent dans les environs de ce château et qui existeront longtemps, car ils sont taillés dans le roc, attestent par leur étendue que les Centrons, pour défendre l'entrée de leurs vallées, ne craignaient pas les peines et les fatigues. »

En 1536, l'armée formée en Tarentaise pour s'opposer à celle de François 1er, avait fait rétablir le fort de Briançon, qui, après son occupation par les Français, en reçut garnison jusqu'en 1557 ; mais après la bataille de Saint-Quentin, le duc Emmanuel Philibert en récupéra la possession jusqu'à sa prise par Lesdiguières, qui en 1600, le démantela définitivement.

Sur la route, à peu de distance du pont de Briançon, se trouve la cascade si pittoresque de Glaise que forme, en se précipitant à travers les rochers, le torrent descendant du col de la Louze ; puis, sur la hauteur, Naves et Villargerel, que nous laissons à gauche.

La vallée de Naves est curieuse à parcourir, pour la vue large et riante dont on y jouit sur le bassin d'Aigueblanche et sur les vallées adjacentes. Le retour à Moûtiers par Naves, Fontaine (1,210^m), Grand-Naves (1,332^m), le Plan-des-Ours (1,290^m), les hauteurs de Navette (1,080^m) et les forêts de Hautecour, complète une de ces promenades pittoresques et variées que la Tarentaise offre en si grand nombre, et que ces quelques pages rapidement écrites ont pour but de faire connaître aux baigneurs, aux touristes, aux peintres, aux savants, et aux naturalistes que les richesses des vallées et des montagnes de la Tarentaise, une fois appréciées, ne peuvent manquer d'y attirer en foule.

NOTES STATISTIQUES ET HISTORIQUES

SOMMAIRE.

Topographie.—Surface.—Nature du sol.—Climat.—État
sanitaire.—Routes.—Chemins.—Population.—Agriculture.—Mines et carrières.—Eaux minérales.—Industries.—Institutions de charité ou philanthropiques.—
Instruction publique.—Culte.—Animaux sauvages et
domestiques.—Historique.

Topographie.—Surface.

Nous venons de parcourir en détail, quoique rapidement, dans toute son étendue, l'arrondissement
de Moûtiers. Jetons maintenant un coup d'œil sur
son ensemble.

La Tarentaise est bornée, à l'est, par la chaîne des
Alpes grecques, qui la séparent de la vallée d'Aoste;
au midi, par la Maurienne; au couchant, par l'arrondissement d'Albertville; au nord, par la Haute-
Savoie.

Sa surface est coupée de hautes montagnes qui la

divisent en quatre vallées principales et la séparent des arrondissements voisins au levant, au midi, et au nord. Ces montagnes, assez rapprochées, contribuent à rendre les vallées très profondes; aussi ne trouve-t-on un peu d'ouverture à l'horizon que dans les environs d'Aime, de Séez et de Bellecombe. Moûtiers est au centre de ces vallées, à une hauteur de 480 mètres.

Deux rivières l'arrosent : l'Isère, dont la source est au Mont-Iseran. Son parcours dans la Tarentaise est de 72 kilomètres; elle reçoit 25 ruisseaux ou torrents. Le Doron, qui affecte la forme torrentielle : il a deux branches, l'une qui prend sa source à la Vanoise, aux confins de Termignon, l'autre aux glaciers de Champagny. Ces deux branches se réunissent en un seul Doron au Villard de Pralognan. Il arrose la vallée de Bozel, et, après une traversée de 26 kilomètres, dans laquelle il reçoit 8 ruisseaux, vient se jeter à l'Isère en dessous de Moûtiers.

Ces deux rivières assez rapides sont très poissonneuses, et donnent au pêcheur d'excellentes truites.

L'Isère, flottable à buches perdues jusqu'à Moûtiers, devient flottable avec radeaux depuis Aigueblanche, à 3 kilomètres de Moûtiers.

Profondément encaissées sur presque tout leur parcours, ces rivières causent peu de dégâts; mais il n'en est pas de même de quelques-uns de leurs aboutissants, tels que l'Arbonne près du Bourg-Saint-Maurice, le Sangot près de Mâcot, l'Ormente près d'Aime et le Morel près d'Aigueblanche, lorsque la fonte trop rapide des neiges ou les pluies automnales en grossissent les eaux.

On compte quelques petits lacs de peu d'étendue, bien que profonds : celui de Saint-Marcel est peuplé de tanches ; on pêche la truite dans ceux de Tignes et de Saint-Martin-de-Belleville, et celui du Praz de Saint-Bon possède quelques carpes.

La surface totale de l'arrondissement est d'environ 169,825 hectares, dont les 6 vingtièmes sont cultivables et le surplus occupé par les rochers, les glaciers, les torrents, les chemins, les pâturages et les forêts. Ces dernières y sont comprises pour 19,577 hectares environ, dont les 3/4 d'essences résineuses.

Nature du sol.

Les schistes micacés, le quartz, le gneis, le granit, le spath calcaire, le calcaire, les gypses, les brèches, forment les roches principales. Le calcaire existe en grandes masses dans la haute Tarentaise. Le gypse, au contraire, abonde dans les environs de Moûtiers, ainsi que dans les vallées de Bozel et des Belleville. Les brèches se trouvent presque partout dans les cailloux roulés. Le gré y est rare, et encore est-il micacé. La plupart de ces roches contiennent de la magnésie. Les empreintes végétales ou animales y sont rares, sauf dans les ardoises de Petit-Cœur.

La vallée des Encombres présente dans sa sommité quelques roches pétries de coquillages.

Naturellement, la terre végétale y est en grande partie composée des détritus de ces roches diverses, mélangées aux détritus des végétaux et des animaux. Sur quelques points elle contient encore de la craie, de l'alumine, et quelques noyaux d'argile et de marne.

Ce sol léger, facilement entraîné par les eaux, est d'une fertilité médiocre, si ce n'est aux environs d'Aigueblanche, de Moûtiers, d'Aime et de Bourg Saint-Maurice.

La température de la Tarentaise varie beaucoup selon les hauteurs et les expositions, même sur des points très rapprochés. C'est une conséquence de la direction des vallées, de la position des montagnes et des vents qui y règnent.

Les pluies d'été, lorsque le vent du midi ne domine pas, amènent de brusques mouvements de température et souvent de la neige sur les hauteurs, bien que dans la plaine le thermomètre ne descende pas au-dessous de 10 degrés.

Le thermomètre en hiver baisse rarement au-dessous de 9 degrés et se maintient assez volontiers entre 4 et 6 au-dessous de zéro. Dans les grandes chaleurs il monte quelquefois jusqu'à 28 et 30, mais plus habituellement reste entre 15 et 20.

L'abondance de la neige y varie dans les mêmes proportions. Il n'est pas rare de passer des hivers presque sans neige, tandis que d'autres fois elle mesure plusieurs mètres sur les sommités et de 1 mètre 50 à 3 mètres dans les communes de mi-mont.

Le tonnerre gronde souvent, mais il n'y a que peu d'exemples d'accidents causés par la foudre; la grêle y tombe rarement. Sans doute, les forêts et les pointes de rochers qui soutirent l'électricité des nuages en sont la cause.

Les vents, sauf dans les communes élevées, et sauf celui de l'est, dit du Saint-Bernard, y sont peu violents. Séez, les Chapelles et le Bourg y sont plus particulièrement sujets.

Dans les basses vallées règnent des vents périodiques. Le vent du nord, durant la belle saison, y souffle régulièrement de 8 heures à 5 ou 6 heures du soir, et cette ventilation, loin de fatiguer, est nécessaire pour tempérer la chaleur concentrée entre les montagnes; ainsi encore, dans la matinée, un courant ascendant parcourt toutes les vallées, et le soir, après le coucher du soleil, il s'établit en sens contraire.

L'équilibre de l'air rompu par la présence ou la disparition du soleil en est évidemment la cause, et les vallées étroites font alors l'effet de couloirs par lesquels l'air tend à reprendre l'équilibre rompu sur quelques points.

Etat sanitaire.

Le climat est généralement sain. Les fièvres intermittentes et miasmatiques sont inconnues. Les maladies les plus fréquentes sont celles qui ont leur cause dans les brusques changements de température; les fausses pleurésies, les douleurs rhumatismales, les fièvres catarrhales, la péripneumonie, les pustules malignes, les fièvres typhoïde, muqueuse, bilieuse et putride y sévissent de temps à autre; le mauvais air produit pendant l'hiver dans les étables, avec la fermentation des fumiers qui y séjournent, est peut-être une des causes principales de ces dernières maladies, dont une autre cause peut également se trouver dans la transition journellement répétée de l'atmosphère extrêmement chaude et humide des des écuries, au plein air ambiant froid et sec.

Le vice le plus répandu dans la constitution des habitants, est le principe scrofuleux, source première des goîtres et du crétinisme, et auquel se joint sans doute quelque principe inconnu siégeant dans l'air ambiant ou dans la nature du sol.

Les épizooties les plus communes sont la péripneumonie gangreneuse et les affections charbonneuses. La mauvaise qualité des fourrages servis aux animaux pendant l'hiver, les transitions trop brusques et journalières pendant l'hiver de l'air chaud des écuries à l'air glacial du dehors lorsque les animaux sont conduits aux abreuvoirs; la transition trop brusque de la chaude atmosphère de ces écuries à l'air froid; les hautes montagnes où, au moment de l'inalpage, le bétail est conduit sans y trouver des abris convenables; peut-être aussi le travail forcé du labourage au printemps, ainsi que la conduite des vaches à la montagne trop peu de temps après qu'elles ont mis bas, en sont tout autant de causes puissantes.

Routes.

La route impériale de Grenoble à Aoste traverse la vallée centrale depuis les confins de l'arrondissement d'Albertville jusqu'au col du Petit-Saint-Bernard, frontière d'Italie; elle mesure 69 kilomètres et demi, dont 12,000 mètres de la limite de l'arrondissement entre la Roche-Cevins et Fessons-sous-Briançon et Moûtiers, 14,000 mètres de Moûtiers à Aime, 13,000 mètres d'Aime à Bourg-Saint-Maurice, 3,000 mètres de Bourg à Séez, 27,500 mètres de Séez, à la frontière italienne.

La route départementale de la Vanoise entre Moûtiers et Pralognan parcourt les vallées de Brides, de Bozel et de Pralognan en s'élevant au-dessus du Doron dont elle suit à peu près la pente. Elle mesure 42 kilomètres dont 5,100 mètres de Moûtiers à Brides, 6,900 mètres de Brides à Bozel, 13,500 mètres de Bozel à Pralognan, et 16,500 mètres de Pralognan au col de la Vanoise, lequel touche à l'arrondissement de Maurienne en débouchant sur Termignon. Ce passage ne se pratique guère que pendant les cinq ou six mois de la belle saison.

Cinq chemins de grande communication et seize

chemins de moyenne communication la desservent.
Les premiers ont tous une grande importance; ce
sont : 1º celui du Mont-Iseran, qui relie la haute
Tarentaise à la haute Maurienne et au Mont-Cenis.
Il part de Séez, remonte le cours de l'Isère et va
se rattacher aux confins de Bonneval (Maurienne); il
mesure 32 kilomètres, et peut être fréquenté pendant sept à huit mois.

2º Celui des Encombres. Il part de Moûtiers, traverse la vallée des Belleville, et compte 29 kilomètres
jusqu'à la sommité du col des Encombres, où il entre
sur le territoire de la Maurienne, pour tomber à
Saint-Michel. Cette voie peut acquérir de l'importance au point de vue stratégique, pour relier directement les hautes Alpes avec la Haute-Savoie. Déjà,
sous le premier Empire, des études avaient été di-
rigées dans ce sens par le Ministère de la Guerre.

3º Celui de Bourg-Saint-Maurice à Beaufort. Partant de la route impériale à l'entrée de la gorge de
Bonneval (Bourg-Saint-Maurice), il se dirige sur
Beaufort par les Chapieux et Roselin. C'est cette
même route qu'on suit en partie pour se rendre dans
la vallée de Chamonix par le col du Bonhomme, après
un parcours de 30 kilomètres, et qui conduit, dans
la vallée d'Aoste, aux établissements thermaux de
Courmayeur et de Pré-Saint-Didier, par la vallée des
Glaciers, le col de la Seigne et l'Allée blanche.

4º Celui du Cormet. Il relie Aime à Beaufort. Il a
un parcours de 12 kilomètres jusqu'à la limite de

l'arrondissement d'Albertville, dont dépend la jolie vallée de Beaufort.

5° Celui de la Madeleine part d'Aigueblanche et se rattache à La Chambre en Maurienne. Il est praticable toute l'année et mesure 16 kilomètres jusqu'à la limite de l'arrondissement.

Population.

Les habitants de la Tarentaise sont généralement sobres, âpres au travail, probes, très intelligents souvent même sous la plus abrupte écorce; fins et rusés, ils ont l'instinct du commerce; prudents et réservés, ils devinent plus facilement la pensée d'autrui qu'ils ne dévoilent la leur propre.

Froids en apparence, ils embrassent cependant avec ardeur les luttes de partis, et les suivent avec la persistance et la ténacité qui leur sont propres. Aimant leur pays et leur commune par dessus tout, ils en épousent les intérêts avec toute la constance de leur caractère et l'énergie du vieux sang *centron* qui coule dans leurs veines.

L'arrondissement compte 55 communes fractionnées en divers hameaux; quatre cantons : Moûtiers, Aime, Bozel et Bourg-Saint-Maurice.

Sa population, qui était de 33,471 en 1789; de 35,692 en 1802; de 39,979 en 1817; de 42,596 en 1822; de 45,353 en 1828; de 45,523 en 1848; de 38,852 en 1858; a été reconnue, en 1862, de 38,910.

La statistique du 31 décembre 1858 établit que
sur ces 38,852 habitants dont 17,437 hommes et
21,395 femmes, 1,224 hommes ne savaient que lire,
11,181 savaient lire et écrire, et que les femmes, au
nombre de 5,708, savaient lire, et au nombre de
8,107 savaient lire et écrire. Le nombre des hommes
ne sachant ni lire ni écrire, était de 5,032, celui des
femmes dans la même situation, de 7,580.

Agriculture.

L'état de l'agriculture laisse généralement à désirer, et on regrette de ne pas voir plus nombreux
les prés naturels, de ne pas rencontrer des assole-
ments réguliers; cependant, l'agriculture est en progrès sensible, surtout depuis l'impulsion donnée par
le Comice agricole organisé depuis 1860.

Les irrigations y sont pratiquées largement et généralement d'une manière intelligente.

Les principales récoltes sont le seigle, le froment,
l'orge, les fèves, les pois, la pomme de terre, le
chanvre et le lin pour la consommation locale.

Le sol, plutôt aride, nécessite de fortes dépenses
en main-d'œuvre; elles absorbent plus des 3/8 du
produit des terres, mais le paysan de Tarentaise ne
compte jamais son temps lorsqu'il l'applique dans
la culture de son champ.

Vingt-cinq communes cultivent la vigne. Les clos
d'Aigueblanche, de Grand-Cœur et de Le Bois don-

nent en vin rouge des qualités supérieures. Les vins blancs de la Saulce sont très agréables.

Les noyers, les pommiers, les cerisiers, les pruniers croissent partout cultivés avec succès, sauf dans six ou sept communes de la haute montagne. Le pêcher, l'abricotier, l'amandier se cultivent aussi sur plusieurs points. Quant au châtaignier, on ne le rencontre que dans les trois ou quatre communes de la plaine les plus rapprochées de l'arrondissement d'Albertville.

Les mûriers y prospèrent ; mais leur nombre est restreint, bien que le peu de sériciculture qui s'y fait à Aigueblanche, à Bourg-Saint-Maurice, et à Bozel, ait donné de beaux résultats.

La Tarentaise possède de vastes pâturages et de belles et nombreuses forêts sur les sommités de ses montagnes.

Les unes et les autres appartiennent généralement et presque exclusivement aux communes.

C'est dans ces excellents pâturages que le bétail est inalpé dès le milieu de juin jusqu'à la fin de septembre.

Quant aux forêts, dont la limite extrême est à une hauteur d'environ 1,800 mètres, leurs essences les plus connues sont l'épicéa, le sapin, le pin cimbre, le mélèze, le hêtre, l'orme, l'érable blanc, le peuplier du pays, le tremble, le chêne sur quelques points.

Quelques chiffres sur les divers produits de la Tarentaise peuvent intéresser. Les voici :

Animaux domestiques, par nombre.

En 1829.—280 chevaux, 1,828 mulets, 386 ânes, 1,316 bœufs et taureaux, 31,477 vaches, génisses et veaux, 23,116 moutons, brebis et agneaux, 8,332 chèvres et chevreaux, 2,007 porcs, 2,954 cuirs, 1,420 petites peaux, 4,405 quintaux métriques de fromage.

En 1862.—152 chevaux, 2,019 mulets, 612 ânes, 1,430 bœufs et taureaux, 33,936 vaches, génisses et veaux, 23,224 moutons, brebis et agneaux, 13,911 chèvres et chevreaux, 4,523 porcs, 1,800 cuirs, 1,100 petites peaux, 3,650 quintaux métriques de fromage.

Production du sol, par hectare.

En 1819.—3,046 hectolitres de froment, 45,925 id. de seigle, 18,350 id. d'orge, 3,450 d'avoine, sarrasin 0; 1,491 id. de fèves, pois et haricots, 745,395 id. de pommes de terre, 3,674 id. de noix, 16,180 id. de vin, 219,519 quintaux métriques de poires et pommes.

En 1862.—9,932 hectolitres de froment, 82,991 id. de seigle, 26,069 id. d'orge, 6,870 id. d'avoine, 831 id. de sarrasin, 4,679 id. de fèves, pois et haricots, 131,581 id. de pommes de terre, 302 id. de noix, 28,181 id. de vins, 631,150 quintaux mé-

triques de foin, 6,676 quintaux métriques de poires
et pommes.

En 1819 et 1829, les données ont été recueillies directement par l'autorité administrative sans
l'intervention de commissions locales.

Les chiffres relatifs à 1862 sont tirés de la statistique décennale agricole. Leur exactitude n'est
cependant qu'approximative.

Les différences énormes qui existent entre les
chiffres des récoltes de 1819 et ceux de 1862 indiquent à l'évidence des erreurs notables dans les ap-
préciations ; car, ces quelques différences pour
certaines denrées paraissent trop considérables pour
pouvoir s'expliquer simplement par le plus ou moins
d'abondance des récoltes de chacune de ces années.

L'étude de nombreux documents statistiques, trop
inexacts et trop peu complets pour en donner ici les
chiffres détaillés, établit à l'évidence que, depuis plus
d'un siècle, l'étendue des diverses natures de récoltes en céréales et farineux n'a presque pas varié, que
la vigne et les prés tant artificiels que naturels ont
pris seuls un grand développement, et que les produits des récoltes n'ont subi que les variations ré-
sultant des phénomènes atmosphériques de chaque
année, sans que la moyenne en soit beaucoup aug-
mentée,

Les mêmes observations s'appliquent aux animaux
domestiques, dont le nombre n'a pas sensiblement
varié, mais dont la valeur a pris successivement une

hausse considérable. Ainsi, par exemple, une vache de qualité ordinaire qui, en 1770, valait 40 fr. en valait 80 en 1850, et à ce jour ne se vend pas moins de 110 fr. Les animaux de choix ont élevé leurs prix dans des proportions encore bien plus considérables.

Mines et carrières.

L'arrondissement compte de très nombreux filons de plomb argentifère, de cuivre gris et pyriteux, de fer oligiste et spathique, de titane, d'amiante, de vastes gisements d'anthracite, de très bonne qualité, dont le plus considérable, celui de Saint-Martin-de-Belleville, n'est encore exploité que pour les besoins de la commune privée de bois; plusieurs marbres de diverses couleurs, de belles carrières de gypse, mais peu de pierres de taille. La chaux hydraulique y est rare.

Des carrières d'ardoises de bonne qualité et assez nombreuses, la roche salée d'Arbonne près du Bourg-Saint Maurice; deux importantes tourbières à Séez et à Saint-Martin-de-Belleville.

Les cristaux de roche que fournissent les montagnes de la Madeleine et plusieurs autres points, méritent d'être mentionnés.

Eaux minérales.

Les eaux minérales y sont nombreuses ; ainsi, les

eaux thermales et minérales de Salins, de Brides
et de Bonneval.

Les eaux minérales acidules de Montfort (Saint-
Marcel) sur le ruisseau du Nantieux, qui, contenant
de la magnésie et quelque peu de carbonate de chaux,
sont essentiellement purgatives

Celles des Allues, acidules et ferrugineuses.

Celles de la vallée des Glaciers en dessus des
Chapieux, extrêmement chargées en gaz, et qui ont
la plus grande analogie avec les eaux de Pré-Saint-
Didier, exploitées dans la vallée d'Aoste.

Industries.

Les principales industries se rattachent à l'élevage
des bestiaux de la race bovine, classée parmi les races françaises, et connue sous le nom de *Tarine* ou
de *Tarentaise*. Ainsi, fabrication des fromages de
gruyère, commerce des cuirs verts, exportation de
bêtes à cornes.

Après elles, vient l'exploitation des mines et des
carrières, encore bien trop restreinte en raison des
richesses enfouies dans les montagnes. Pour se dé-
velopper, elle attend que le réseau secondaire des
voies ferrées vienne jusqu'à Moûtiers, où même
jusqu'à Bourg-Saint-Maurice, leur offrir un moyen
de transport facile et économique.

Aucun obstacle sérieux, ni de pentes ni de travaux
d'art, ne s'oppose à l'établissement de cette voie fer-

rée : elle ne peut en conséquence manquer de se
créer un jour.

Le commerce des bois attend également, pour
prendre une plus grande et surtout une plus lucra-
tive extension, l'amélioration ou plutôt la transfor-
mation de la vie centrale de communication.

Quant aux autres petites industries, clouteries,
taillanderies, chapelleries, scieries, fours à chaux et
à plâtre, teintureries, fabrication de toiles et de
draps, meunerie, etc., elles répondent aux seuls besoins de la localité. Depuis quelques années cependant, la Tarentaise exporte une notable quantité de
plâtres.

Il faut encore citer l'émigration périodique, qui
se pratique sur une très large échelle durant la mauvaise saison, et qui, si elle ne peut être classée parmi
les industries, est au moins un important véhicule,
dans l'arrondissement, du numéraire indispensable
pour couvrir les sorties d'argent nécessitées par le
paiement des impositions et des divers articles d'im-
portation, vins, farines, fer brut et ouvragé, étoffes,
draps, merceries, cuirs, tamis, articles de nouveauté,
meubles, denrées alimentaires, etc. Des notes remontant à 1819 estiment qu'à cette époque il sortait
annuellement en numéraire pour les impositions la
somme de 1,768,401 fr. ; qu'il ne rentrait en numéraire par les traitements des fonctionnaires, les pen-
sions payées par l'État, les dépenses de la garnison,
enfin par les exportations diverses, que la somme de

1,425,410 fr.; que par conséquent, l'émigration devrait fournir annuellement la différence entre ces deux sommes (242,991) pour que le pays ne fût pas ruiné en peu de temps.

Quelque peu approximatifs que l'on veuille croire ces chiffres, il n'en résulte pas moins qu'alors, sans l'émigration, la Tarentaise n'aurait pu suffire au numéraire dont elle a besoin. Depuis cette époque, l'exportation du bétail ayant augmenté en même temps que s'élevait le prix de ce dernier, la condition financière de nos vallées s'est considérablement améliorée.

Institutions de charité, &c.

Trente-deux communes ont des bureaux de bienfaisance, dont les revenus, d'environ 43,000 fr., produit d'anciennes fondations, sont affectés à l'instruction primaire et à des secours distribués aux pauvres en nature ou en argent, suivant les localités et leur importance.

Deux sociétés de secours mutuels existent à Moûtiers, une à Aime et quelques-unes dans les communes rurales. L'arrondissement compte 15 compagnies de Sapeurs-Pompiers. A Moûtiers, l'œuvre de l'extinction de la mendicité par le moyen de secours à domicile, produit les meilleurs effets; cette ville possède aussi un hospice de vieillards et d'idiots, uni à un petit hôpital, et une caisse d'épargne.

Instruction publique.

L'instruction est très répandue dans la Tarentaise; on ne rencontre pas une commune qui n'ait une ou plusieurs écoles mixtes ou de filles et de garçons séparés. La plupart sont entretenues par des revenus provenant d'anciennes fondations. L'école communale seule est exclusivement payée sur le budget communal ou par les subventions de l'État et du département. Un grand nombre aussi de petites écoles, dites de quartier, ont été fondées par des souscriptions particulières; quelques-unes reçoivent une subvention du budget communal.

Ces petites écoles durent de trois à quatre mois; ce sont celles qui réunissent le plus d'élèves.

L'émigration fait sentir le besoin d'instruction aux habitants de ces montagnes, et il en est peu, comme nous l'avons vu plus haut, qui ne sachent lire et écrire.

En 1859, l'inspection des écoles primaires constatait que l'arrondissement comptait 154 écoles pour les garçons et 158 pour les filles, fréquentées, toute ou partie de l'année, par 4236 élèves; les secondes, par 4020 (mais ces chiffres sont inférieurs à la réalité par suite de la non inspection d'un grand nombre de petites écoles.)

Aux premières était consacrée pour le traitement une somme de 17,996 fr.; aux secondes, celle de 10,380; en outre, la dépense totale pour le matériel des écoles s'élevait à 3034 fr.

Quant aux traitements, leur moyenne pour les écoles communales était de 162 fr. 27 c., pour les instituteurs, et de 100 fr. 60 c. pour les institutrices.

En 1862, 7,205 enfants ont fréquenté les écoles, dont 3,412 dans les écoles communales, et 3,793 dans les écoles de hameaux.

Sur ce nombre, les garçons figurent pour 4,540 fr. et les filles pour 2,665 fr.

Le nombre des écoles a été de 186 pour les garçons, dont 131 écoles de hameaux, et de 96 pour les filles, dont 77 de hameaux.

En 1863, 7,407 enfants ont fréquenté les écoles, 3,681 dans les écoles communales et 3,726 dans les écoles de hameaux. Les 55 communes comptaient, en fait d'écoles communales, 43 pour les garçons, 19 pour les filles et 12 mixtes; en faits d'écoles de hameaux, 197, dont 42 de garçons, 70 de filles et 85 mixtes.

Sur le nombre de 7,407 élèves, étaient admis gratuitement dans les écoles communales 1,636 enfants, et 3,335 dans les écoles de hameaux.

En 1864, 7,616 enfants fréquentaient les écoles, dont 4,009 garçons et 3,607 filles.

Culte.

La Tarentaise a un évêque, un grand et un petit séminaire, 60 recteurs, dont plusieurs ont des vicai-

res pour les aider dans leurs fonctions curiales.
et une maison de missionnaires diocésains.

En général, églises et presbytères sont dans un
bon état. Les cimetières, sainement établis, laissent
à désirer pour la tenue et la propreté.

Les Frères de la Croix pour l'instruction primaire
des garçons, les Sœurs de Saint-Joseph pour l'instruction primaire des filles, les Sœurs de Saint-Vin-
cent de Paul pour les soins à donner aux malades,
sont les seules congrégations religieuses. Les secondes ont cinq établissements, les autres n'en ont qu'un
chacune au chef-lieu de l'arrondissement.

Animaux.

Avant 1790, on chassait en Tarentaise le cerf, la
biche, le chevreuil et le sanglier. Depuis la destruction des forêts, ce gibier a aussi disparu. L'ours y
est devenu extrêmement rare, de même que le lynx.
Les loups y sont presque inconnus.

Les lièvres bruns et blancs, les marmottes, les chamois, quelques rares bouquetins sur les crêtes sépa-
ratives de la vallée d'Aoste, le renard, la fouine, le
putois, quelques martres dont le pelage est très es-
timé, des blaireaux peu répandus, l'écureuil en très
grand nombre, le coq de bruyère, la perdrix grise,
la perdrix rouge, la perdrix blanche ou gelinote,
quelques cailles, la grive, l'aigle commun des Alpes
et d'autres oiseaux de passage sont à peu près les

seuls animaux sauvages qui habitent la Tarentaise et peuvent offrir quelque appât aux chasseurs.

Comme animaux domestiques, on peut noter la vache, principale richesse du pays, quelques bœufs employés aux labours et qui passent alternativement de la plaine à mi-mont et vice-versa pour les labourages qui s'y font à époques successives.

Le mouton, la brebis et la chèvre.

Le cheval et l'âne y sont rares; mais, en revanche, l'arrondissement possède beaucoup de mulets, qu'il achète à l'âge d'un ou de deux ans dans les arrondissements voisins et dans la vallée d'Aoste, pour les revendre plus tard en Maurienne et en Piémont.

Historique.

La Tarentaise était habitée autrefois par les Centrons, race gauloise, ainsi que l'établissent quelques noms de villages, de montagnes, de torrents, dont les étymologies celtiques ont de nombreux analogues dans le reste de la France. Quelques auteurs ont voulu leur donner une origine commune avec les Centrons ou Kentrons de la Belgique. M. l'abbé Pont, dans sa brochure déjà citée, combat victorieusement ce système.

Ils occupaient tous les hauts plateaux des Alpes grecques. Les Salasses, race Ligure ou Ibérique, n'ont occupé les hauts versants italiens qu'après y avoir été acculés par la conquête romaine. Le territoire des Centrons comprenait en outre les vallées de Chamonix, de Montjoie et de Beaufort.

On ne sait si les Centrons ont été soumis aux Romains par Jules César ou par Auguste. L'inscription romaine qui semble se rapporter à ce fait est en grande partie détruite. Sous Auguste, Salluste le neveu y fit exploiter des mines de cuivre. Le sel gemme d'Arbonne et les sources salines près Moûtiers paraissent aussi avoir été exploitées à la même époque.

Le fromage des Centrons, sous le nom de *Vatusium*, figurait sur les tables romaines avec le vin *Picata*) des Allobroges.

L'empereur Claude donna le nom de *Forum Claudii* à leur centre municipal. Il est probable qu'ils ont fait partie de l'Italie dans les premiers siècles ; mais depuis Constantin ils figurent dans l'organisation des Gaules.

La province des Alpes grecques et pennines a subi plusieurs modifications successives. Elle comprenait la cité de Dorentia ou Darentasia (Moûtiers ou Salins`, *Forum Claudii* (Moûtiers ou Aime) et la cité d'Octodurus, soit *Forum Claudii Vallentium*, (Martigny en Suisse`, et pendant quelques années seulement *Forum aventicum Helvetiorum* (Avenches en Suisse`, qui plus tard fut réunie à la Séquanie.

Après la destruction accidentelle du forum Claudii au commencement du 5ᵐᵉ siècle, le pays perdit le droit de métropole civile ; mais la ville principale, transportée partie à Salins, partie autour d'un *monasterium*, reprit l'ancien nom de Darentasia, qu'elle laissa à toute la *civitas* et à tout le diocèse qu'elle forma plus tard.

Parmi les nombreuses inscriptions (30 environ) recueillies par M. l'abbé Ducis, professeur d'histoire, archiviste du département de la Haute-Savoie et archéologue distingué, les principales d'entre elles rappellent les Empereurs Vespasien, Trajan, Commode, Valérien et Gratien. Deux se rapportent à des digues élevées contre des torrents par ordre impérial ; une autre célèbre une victoire sur les Daces.

Une voie charretière venait d'Aoste, traversait l'Alpe grecque, la Tarentaise et se bifurquait à Albertville, se dirigeant d'un côté par Chambéry jusqu'à *Vienna Allobrogum*, de l'autre par Annecy jusqu'à *Geneva Allobrogum*. Celle-ci se prolongeait ensuite vers le lac de Neuchâtel, qui terminait la *Sabaudia* au 4ᵐᵉ siècle de notre ère.

Les Burgondes ont occupé la moitié occidentale du pays des Centrons, au commencement du 5ᵐᵉ siècle, et le reste à la fin, avec la haute vallée d'Aoste, dans laquelle les langues franque et burgonde se sont maintenues. Les Francs l'occupèrent aussi avec Aoste, mais dans le 6ᵐᵉ siècle les Lombards les repoussèrent jusqu'aux Alpes.

Saint Honorat, saint Jacques et saint Maxime, du monastère de Lérin, ont évangélisé la Tarentaise au commencement du 5ᵐᵉ siècle. Saint Honorat, devenu archevêque d'Arles, établit saint Jacques évêque de Tarentaise en 420. Le diocèse releva peu après de la métropole de Vienne; puis, au 8ᵐᵉ siècle, il récupéra dans l'ordre ecclésiastique la métropole qu'il avait perdue dans le civil, et eut part aux libéralités de Charlemagne.

La Tarentaise fit partie du deuxième royaume de Bourgogne, d'abord dans la Cisjurane ou de Provence, puis dans la Transjurane.

Les Ostrogoths et les Lombards, dans le 7ᵐᵉ siècle; puis les Sarrasins, dont la tradition populaire désigne encore les stations, l'occupèrent au commencement du 9ᵐᵉ siècle.

Elle fut donnée en 996 par le dernier roi de Bourgogne Rhodolf III, le Fainéant, à titre de comté, aux archevêques de Tarentaise, qui devinrent ainsi feudataires des empereurs d'Allemagne, héritiers du haut domaine de Bourgogne, et qui reçurent encore le titre de prince du St-Empire.

Le bailli de l'archevêché avait sous lui deux châtelains du Comté oriental et du Comté occidental, séparés par le détroit du Saix.

Les comtes de Genève, les barons du Faucigny, et par eux les dauphins de Vienne acquirent peu à peu la vallée de Beaufort et des terres en Tarentaise.

Le comte de Savoie Humbert II, en secourant l'archevêque contre le sire de Briançon en 1082, y acquit aussi plusieurs droits.

Ses successeurs établirent à Salins, près de Moûtiers et à Conflans, des châtelains relevant du bailli de Savoie.

Par suite des contestations entre les officiers du comte et ceux de l'archevêque, Moûtiers fut assiégé et démantelé en 1335, et après la destruction accidentelle de Salins au 14ᵐᵉ ou 15ᵐᵉ siècle, les employés du comte de Savoie s'établirent à Moûtiers. La Maurienne et la Tarentaise réunies formaient alors une des trois judicatures de Savoie.

La haute Tarentaise, en 1387, prit une part active à la Jacquerie du Valais et du Canavezan contre les nobles et les Lombards.

Dès lors elle a été occupée à diverses reprises : par les troupes de François Iᵉʳ en 1536, auxquelles résista le régiment national de Tarentaise; par Henri IV en 1600; par les Espagnols en 1630 et en 1742, et par la France en 1793.

L'organisation des provinces de Savoie au commencement du 18ᵐᵉ siècle, réduisit la Tarentaise presque aux limites actuelles de l'arrondissement de Moûtiers, plus une petite portion du territoire de la nouvelle province d'Albertville, créée en 1815, et ce sont ces limites qui ont été rendues à l'évêché de Tarentaise lors de son rétablissement en 1825.